大学入試改革対応！

ミスマッチをなくす
進路指導

倉部史記 著

ぎょうせい

はじめに

本書は、以下のような方のために書かれた本です。

---
① 高校生の進路指導に関わっている教員の皆様
　・高校1～3年生の担任教員
　・進路指導部の教員、進路指導主事　など

② 中高生のお子様をもつ保護者の皆様

　　　　　　　　　　＋

③ 大学および専門学校で、入試広報や高大連携、高大接続など
　高校生向けの事業を担当されている教職員の皆様

　現在、日本の高校生の約半数が四年制大学に進学しています。かつてと比べて大学は身近な存在になりました。正解のない問いに向き合いながら、様々な学びを得られるのが大学という場所です。そんな大学教育に多くの人がアクセスできる今の時代は、非常に豊かで幸福だと私は思います。

　一方で、中途退学も年々増加しています。現在、大学入学者の8人に1人は中退しています。中退率が20％を越える大学や学部も珍しくありません[i]。中退が必ずしも悪いわけではありませんが、「なぜ高校生のときに調べておかなかったのか」という、単純な思い込みや勘違いでミスマッチを起こし、後悔している大学生が少なくないのも事実です。中退者本人のキャリアや家庭の経済状況に深刻な影響を残してしまうケースもしばしば報じられています。

　そして現在、国を挙げた高大接続改革が進行中です。高校教育を変え、大学教育を変え、両者をつなぐ入試システムも変えるという大規模な変革ですが、進路指導のあり方を変えない限り、この高大接続改革が描く大学進学のあり方には対応できません。とりあえず主要教科の点数を上げ、3年生の時点の成績に従って出願先を決めれば良かったこれまでとは異なり、自分はどう成長したいのか、それが実現できる環境はどこなのか、などの理解を高校3年間でじっくり深めていく進路学習が求められています。

　その理解が十分でなければ、今後は大学入学者選抜を通過できません。通過したとしても、望まぬ中退などのリスクが残ることになります。

　大学や専門学校への進学を取り巻く状況は、かつてと比べて大きく変わりました。高校での進路指導のあり方も、少しずつ変えていく必要があります。しかし残念ながら、指導

の現場に必要な情報が十分に届いているとは言えません。高校生向けに制作された情報媒体だけでは得にくい気づきもあります。模擬授業やオープンキャンパスは、ただ参加させれば良いのではなく、高校側での事前指導や事後指導が大事です。そうした指導上のノウハウが、教員間であまり継承、共有されていない現場もあるでしょう。

　本書はそんな状況を踏まえ、大学入学者選抜でのミスマッチと、進学後に顕在化するミスマッチの両方を可能な限り「なくす」ことを目指して書きました。この２つは違う問題のように見えますが、根元は同じです。したがって、解決のために必要な指導の工夫も共通です。

　それに教員や保護者の皆様が真に願っているのは、受験の合格でも就職内定でもなく、今の高校生が15年後、20年後に社会人として自立し、自分の人生を切り拓いていることだと思います。その前提に立った進路指導のあり方を考えれば、結果的には進学でのミスマッチをなくすようなものになるはずです。

　予算も時間も、労力も十分ではない高校教育の現場で、どのようなことに留意すればより良い進路学習を実践できるのか。本書ではその参考になるような視点やヒントを提供できればと思っています。

　そして実は、ミスマッチに悩んでいるのは大学や専門学校の側も同じです。高校生や保護者、あるいは地元の高校に対してどのような施策を提案すれば、生徒・学生にとって最善の学びを実現できるのか。その参考にもなれればと思います。

　本書の内容は、私自身が高大接続の様々な取組で実践した内容や、全国の高校教員、大学教職員からいただいた経験や知見を元に構成されています。第１章では、２種類のミスマッチと、それをなくす「３つの理解」について解説しています。第２章では高校３年間全体を通じての、第３章以降は各学年での進路指導のポイントを具体的に案内しています。高校の進路指導を想定したワークシートや、進路指導で活用できるリソースも添付しました。まずは「自分のクラスで試してみようかな」と感じた部分から、気軽に採り入れていただけましたら幸いです。

　基本的には大学進学に向けた指導を中心に記述していますが、専門学校進学を目指す方や、その両者の間で迷っている方にも役立つ内容になるよう努めています。

　本書が、大学や専門学校への進学を考える高校生と、そんな彼らを支える指導者、保護者の皆様の参考になれれば幸いです。

2019年3月

倉部　史記

目　次

はじめに

第1章
ミスマッチをなくす進路指導とは

　　1.1　２つの観点で「ミスマッチをなくす」を目指す　2
　　1.2　ミスマッチをなくして、大学入試改革に対応する　4
　　1.3　ミスマッチをなくして、進学後の後悔をゼロにする　9
　　1.4　「３つの理解」を進路指導の目標にする　13
　　コラム　そもそも進路指導って、何のために行うの？　17

第2章
３年間での指導計画のポイント

　　2.1　進路指導の前提と目標　20
　　2.2　３年間の全体像を計画する　25
　　2.3　大学・専門学校スタッフに力を借りる際の注意点　29
　　2.4　各種民間サービスの活用法　31
　　コラム　理想通りにはいかない？　進路指導担当者の悩み　35

第3章
高校１年生の進路指導

　　3.1　１年生の１年間を計画する　38
　　3.2　【１年次①】最初の進路ガイダンス・進路講演　41
　　3.3　【１年次②】進学と就職のリアルを伝える指導　46
　　3.4　【１年次③】大学とは何かを伝える指導　48
　　3.5　【１年次④】職業理解を深める指導　53
　　3.6　【１年次⑤】文理選択、科目選択の指導　56
　　3.7　【１年次⑥】オープンキャンパス活用指導（１年次）　62
　　3.8　【１年次⑦】保護者の進学理解を深める　65
　　3.9　１年次から進路指導に使えるワークシート　69
　　3.10　１年次から進路指導に使える外部リソース　78
　　コラム　「部活動最優先」の空気が進路学習に与える影響　80

第4章
高校2年生の進路指導

  4.1 2年生の1年間を計画する 82
  4.2 【2年次①】進路ガイダンス 85
  4.3 【2年次②】【学問・職業理解】を深める指導 88
  4.4 【2年次③】【学校理解】を深める指導 91
  4.5 【2年次④】【自己理解】を深める指導 107
  4.6 【2年次⑤】大学入試システムに関する指導 114
  4.7 2年次の進路指導に役立つワークシート 117
  4.8 2年次の進路指導に使える外部リソース 126
 コラム 広がり始めた「育成型入試」の取組 131
 コラム 卒業生をチューターとして組織化している高校 132

第5章
高校3年生の進路指導

  5.1 3年生の1年間を計画する 134
  5.2 【3年次①】進路ガイダンス（3年次） 138
  5.3 【3年次②】eポートフォリオの整理と学びの振り返り 139
  5.4 【3年次③】三者面談 144
  5.5 【3年次④】併願校を含む、出願校の最終リサーチ 147
  5.6 【3年次⑤】思うように合格を掴めなかった場合は 151
  5.7 【3年次⑥】受験終了後の過ごし方 153
  5.8 3年次の進路指導に役立つワークシート 156
  5.9 3年次の進路指導に使える外部リソース 161
 コラム お金をかけずに生徒の「卒業後」を知る、ユニークな方法 165

終わりに

本書で用いる用語について

 本書では、「進路指導」「進路学習」という用語を文脈に応じて使い分けています。基本的には高校側・教員側を主語にした場合は進路指導、生徒一人ひとりの側を主語にした場合は進路学習と表記するよう努めています。本書は高校教員や保護者を主な読者と想定していることから、進路指導という表記の方が高い頻度で登場しますが、生徒の能動的な進路学習を否定しているわけではありません。そのような進路学習を実現させるために高校側ができる支援全般こそが進路指導である、と考える立場です。
 その意味で、進路指導ではなく「進路支援」という言葉の方が、本来は適切かもしれません。筆者もそう考えますが、本書では我が国の教育現場で「進路指導」という表現が広く普及していることを鑑み、進路指導という言葉を用いています。

第1章

ミスマッチをなくす進路指導とは

本章では2つの意味でのミスマッチについて、その実態や背景を解説します。
ミスマッチをなくす進路指導の実践に役立つ「3つの理解」についても説明します。

1.1 2つの観点で「ミスマッチをなくす」を目指す

　現在、2つの観点で「ミスマッチをなくす進路指導」の必要性が高まっています。その点をまず説明しましょう。

　第一に、2020年度からスタートする高大接続改革への対応です。詳しくは後に述べますが、この高大接続改革の中で注目されているのが、大学入試の大きな変化です。たとえば一般入試の場合、これまでは基礎学力が絶対的なモノサシであり、入学試験で高い点を取れた順に合格者が決まっていました。ところが今後は、求められる学力が多様になります（学力の3要素と言います）。

　多様になった学力を評価するための試験方法や、試験結果の評価基準も大学ごとに違ってきます。各大学が独自の基準で入学者を選抜するわけですから、これまでのように模擬試験で測定された偏差値の数字だけで志望校の合格可能性を比べることは難しくなります。自分に合った大学を探す、ということが進路指導の重要な目標になるわけです。

　「2年次まで主要教科の勉強に集中させ、3年次の成績で志望校を検討させる」という進路指導、あるいは受験指導の方針は今後崩れていくことでしょう。**高校生活のすべてを使って、生徒が自分に合った大学を模索していく指導を目指さなければなりません。**言い換えると、「自分に合った進学先とはどのような大学か」を語れる生徒を育てる進路指導です。

　第二に、大学・専門学校進学後の中途退学（中退）や留年が増加し、多くの深刻な事態を引き起こしていることへの対応です。これも後述しますが現在、大学進学者の8人に1人が中退しています。仮に高校1クラスの生徒のうち35人が大学へ進学したとして、そのうち4〜5人程度が中退する計算になります。さらに、別の4〜5人程度は留年を経験します。実に4分の1が、大学を4年で卒業していません。[i] 一般的にイメージされているよりも、大学は卒業しにくい環境になっているのです。

　中退・留年自体は、必ずしも悪いこととは限りません。ただ、結果的に非正規雇用や無職に追い込まれたり、貸与型奨学金の返済計画が崩れて経済的に破綻したりといった若者の増加を招いています。大学中退はいまや、文部科学省が各大学へ抑制を求めるほどの社会問題となっています。

　その背景として、表面的な印象やイメージで進路を安易に決めている高校生が増えていることも挙げられます。数学が苦手だから文系にする、学びたいことがないから保護者が勧める学部にする、指定校推薦枠の中から知名度の高い大学をなんとなく選ぶ、オープンキャンパス1回の雰囲気だけで入学を決める、などなどです。以前に比べて大学進学は身

近になりました。結果的に、学習者ではなく消費者のような感覚で進学し、「こんなはずでは」と後悔する大学生も増えているのです。

だからこそ望まぬ中退や留年に追い込まれて後悔する生徒を、できる限りゼロにする進路指導が大事です。進学先を存分に活用して成長できるような、主体的な学習者として生徒を送り出す指導だと表現しても良いでしょう。大学のエース学生候補を育てる指導、という言い方もできます。

以上2点は、別のことを語っているようで、実は同じ文脈のものです。

「自分に合った進学先とはどのような大学か」を語れる生徒を育てる進路指導は、安易な進路選択による中退や留年を抑制する指導です。主体的な学習者を育成する指導は、大学入試改革をものともしないタフな受験生を育てる指導でもあります。

実際、中退者の抑制は少なからぬ大学が入学者選抜の中で意識し始めていることでもあります。4年間の学生データを分析し、卒業時の最終的な成績と入学時点の各データとの相関を見ながら、教育内容や入学者選抜の方針を立てる取組も大学の間で広がり始めています。中退予備軍を見抜くことと、成績優秀者の資質を抽出することを大学側は並行して行っています。

それに進路指導はそもそも、キャリア教育の一側面に過ぎません。難関大学への合格実績を増やすことが進路指導の成果と見なされ、キャリア教育の取組とは切り離されて語られている現状があるように思いますが、これは本来のあり方とはズレています。

なぜ学ぶのか、どのように学んでいきたいのか、という問いは「どのように生きるのか」という学びの中の重要な要素であるはず。最終的な合格先だけが指導の成果ではありません。ミスマッチをなくす進路指導とは、キャリア教育としっかり結びついた大事な学びのプロセスだとイメージしていただければ幸いです。

その実現のために、本書では「3つの理解」というものを指導上の目標として提案しています。【学問・職業理解】【学校理解】そして【自己理解】です。ミスマッチが生じる原因は様々ですが、進路についてしっかり考えなさい、進学先をよく見てきなさい、などの漠然とした指導では解消されにくい問題もあります。そこで高校生がイメージしやすいよう、考えるべきポイントを3点に整理しました。高校3年間で3つの理解が進むよう指導することで、高大接続改革への対応にも、望まぬ中退などの予防にも役立つはずです。

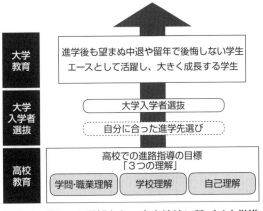

図1-1 「3つの理解」と、高大接続に基づく大学進学の流れ

1.2 ミスマッチをなくして、大学入試改革に対応する

(1) 学校教育が大きく変わる？「高大接続改革」

　2020年度から始まる高大接続改革とその要素の1つである大学入試改革について、もう少し詳しく説明します。

　近年、「現在の小学生の65％が、今はまだ存在していない職業に就く」という予測[ii]や、「人間が行っている仕事の半分程度は人工知能（AI）やロボットで代替可能[iii]」といった研究が世界中で話題になっています。各種の技術革新やグローバル化などの急激な進展により、これまで私たちが生きてきた社会が大きく変わろうとしています。こうしている間にも、ニュースは働き方や暮らし方を革命的に変えてしまいそうな技術や商品・サービスの話題を報じています。未来の社会がどうなるのかは誰にも予測できません。

　変化の激しい未知の社会で生きるための教育を実現させるために、高校教育、大学教育、そして大学入学者選抜の三者を一体的に変えていくことが高大接続改革の主旨です。

　報道を見ている限り、入試に記述式テストが導入されるらしい、英語の外部テストが採り入れられるらしい、など大学入試の話題ばかりに注目が集まっているようです。高校教員にはアクティブラーニングやeポートフォリオといった個別の施策について、準備や対策をどのように進めるべきか気にされている方も多いことでしょう。

　しかし高大接続改革＝入試改革ではありません。「学力の3要素」にもとづき高校と大学に対して学力観の抜本的な転換を求める、もっと大きな教育の改革なのです。

文部科学省による「学力の3要素」
(1) 知識・技能
(2) 思考力・判断力・表現力
(3) 主体性をもって様々な人と協働して学ぶ態度

　これらを具体的にどのような指標で測るのか、どのような授業でどう伸ばすのかといった議論がすでに高校教員の間で始まっています。先進的、実験的な取組の情報も、様々な場で紹介されているようです。ただ、本書は進路指導をテーマにしていますので、これらの力の伸ばし方や、高校での各教科の具体的な授業方法などについては深く触れません。あくまでも進路指導の観点で、高大接続改革の意味や影響を説明したいと思います。

(2) 誰にも予測できない未来の社会では、地図よりもコンパスが大事

　高大接続改革が前提とする「誰にも先が予測できない社会」という視点は、教育のあり方を考える上で非常に重要です。

　2013年にMITメディアラボ所長・伊藤穰一氏は、BI（Before Internet）とAI（After

Internet）で求められるものが大きく変わったと語る中で、AI（After Internet）の時代に求められる９つの基本原則として以下を挙げています。

> AI（After Internet）の時代に求められる９つの基本原則[iv]
> ・Resilience over Strength （強さよりも、しなやかに立ち直る力）
> ・Pull over Push （押すことよりも、引き出すこと）
> ・Risk over Safety （安全よりも、リスクを取ること）
> ・Systems over Objects （個に集中することよりも、システムで考えること）
> ・Compasses over Maps （地図よりも、コンパス）
> ・Practice over Theory （理論よりも、実践）
> ・Disobedience over Compliance （従順よりも、反抗）
> ・Emergence over Authority （権威よりも、現場）
> ・Learning over Education （教育よりも、学び）

いずれも学校教育のあり方に示唆を与えてくれる内容ですが、進路指導の今後を考える上で注目したいのは「地図よりもコンパス」です。

まず将来就きたい職業をイメージさせて、その職業に就くために必要な学部・学科やコースを調べて進学目標とさせる、そんな進路指導がこれまでは広く行われてきました。まさに地図の上のゴールから逆算し、そこまでの最適ルートを考えさせるような指導です。

しかし今の若者たちは、すでにある職業や企業をゴールにしていても、そのゴール自体が消滅してしまうかも知れない時代を生きていくのです。変わり続ける地図だけを進路指導の基準にするわけにはいきません。コンパスの方も意識させる必要があるでしょう。ここで言うコンパスとは、自分自身の価値基準や行動指針と言い換えられます。何を大事にしたいのか、どのように生きていきたいのか、といった価値基準は、人それぞれ異なるものです。

ある人は若いうちに結婚して子どもを育て、手に職をつけて地元で生きていくことを望んでいる。でも別の人は結婚や子育てにはこだわらず、世界中どの組織でも働けるスキルを得たいと思っている。それぞれ、大学や専門学校で学びたい知識やスキルは違っているはずです。進路指導において、こうした自分のコンパスを意識させることは、大切なポイントになるでしょう。

学びは生涯にわたって続きます。新卒採用で入社した企業に定年まで所属している人は少数派になり、転職やキャリアチェンジが一般的になります。進学先や就職先で様々な武器を磨きながら、それを組み合わせ、ときには取り替えて、自分の勝負の仕方をバージョンアップさせていく。こういう時代の進路指導では「進路選択」よりも「進路づくり」という表現の方が適切です。

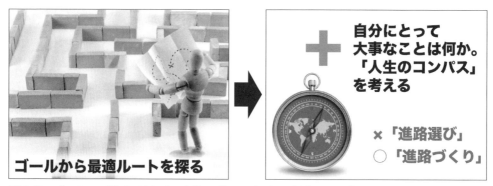

図1-2 ゴールへの地図ではなく、自分の「コンパス」を意識させる進路指導へ

（3）高大接続改革後の大学入学者選抜では「どう生きたいか」が問われる

高大接続改革の一環として、2017（平成29）年4月から、すべての大学に対して「三つのポリシー」の策定と公開が義務づけられました。

> 大学に策定・公開が義務づけられている「三つのポリシー」
> 【AP】「入学者の受入れに関する方針」（アドミッション・ポリシー）
> 【CP】「教育課程の編成及び実施に関する方針」（カリキュラム・ポリシー）
> 【DP】「卒業の認定に関する方針」（ディプロマ・ポリシー）

実は以前から、ほとんどの大学がこの「三つのポリシー」を策定していました。ここで改めて義務化されたのは、この3つが高大接続改革、特に大学入試改革において重要な意味をもっているからです。

各大学が発行する大学案内を見ても、教育の違いがいまひとつイメージできない、そんな感想をもつ高校生や保護者の方は少なくありません。

たとえば「少人数教育」と書かれていても、具体的に何人以下の授業が全体の何％なのかという数字を掲載する大学は現在、ほとんどありません。「面倒見が良い大学です」「コミュニケーション力が身につきます」といった言葉はほぼすべての大学がキャッチフレーズとして

図1-3 大学案内でよく活用されるキャッチフレーズ

使っていますが、そのコミュニケーション力がどのようなものであり、どの程度のレベルで「身についた」としているのか、具体的な事実はあまり書かれていません。

中退率や留年率など、教育実態を示す重要データを積極的に掲載する大学も皆無です。保護者が気にする就職率も、母数となる就職希望者の数を大学側が意図的に操作したり、

非正規雇用などを実績に加えたりと、やや客観性に欠ける部分があることは否めません。

高大接続改革は、「学生が身につけるべき資質・能力」を明確にするよう、日本のすべての大学に対して求めています。これがディプロマ・ポリシー（DP）です。「教育の質保証」といった表現もあわせて使われています。

それを実現するために必要となるカリキュラムや授業スタイル、評価方法などについても、「体系的で組織的な教育活動の展開のための教育課程を編成せよ」「教育内容・方法、学修成果の評価方法を明確にせよ」と要求しています。これがカリキュラム・ポリシー（CP）です。掲げられたDPを本当に実現できる、説得力のあるCPでなければなりません。

そのカリキュラムが前提とする入学者の学力や資質がどのようなものなのかも、ある程度定めておく必要があります。入学者に求める学力や、具体的な入学者選抜方法を明示しておくこともルール化されました。これが、アドミッション・ポリシー（AP）です。

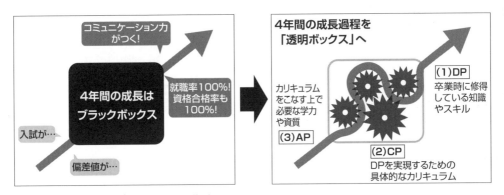

図1-4 大学教育のプロセスを透明化する

イメージしやすいよう、具体的な例を出して説明します。仮に、入学難易度の近いA大学、B大学に経営学部があったとします。両大学では当然、育成する人物像（DP）に違いがあります。その違いは当然、CP、APの違いにも反映されます。

表1-1 三つのポリシーが対照的な2大学の例

	A大学経営学部	B大学経営学部
DP	・グローバルビジネスパーソンの育成	・難関資格の取得 ・就職率9割達成
CP	・企業と連携した、実践的なプロジェクト型授業の展開 ・海外留学の必修化 ・専門科目の2割を英語で開講	・資格対策講座、公務員対策講座の充実 ・地元企業へのインターンシップ充実 ・ICT教育の充実
AP	・グローバル教育への意欲や関心をもっていること（その確認のための面接や小論文を入学者選抜で義務化） ・外部英語試験の成績優秀者は一部試験免除	・バランスの良い基礎学力をもっていること ・指定校推薦枠の積極的活用

表1-1に示した2大学のどちらが良い大学か、という質問に回答することは不可能です。なぜならどちらの教育方針に賛同するかで評価は変わるからです。グローバルなビジネスパーソンを目指している方がA大学を選べば、その期待に応えてくれる可能性は高いでしょう。ですがB大学を選んでしまうと、退屈で学ぶ意欲のわかない4年間を過ごすかも知れません。逆に「専門資格をもって、地元で働きたい」という希望をもった人がA大学を選ぶと、授業の中味やスタイルとミスマッチを起こして、中退してしまう可能性もあります。

従来からこうした違いは大学の間に存在していましたが、それをより明確に定義し、より明確に社会へ示すよう求めているのが高大接続改革なのです。自校が定める「三つのポリシー」にマッチした学生を集めることが大学にとって重要になります。

自分に合った大学なら入学者選抜で合格する可能性は高いが、逆なら低いということも起きるでしょう。ある模試で偏差値55とされる大学に落ちた受験生が、60の大学に合格するような事例は増えていくはずです。

大学が自校のモノサシで受験生の合否を判定するように、高校生も自分のモノサシで大学の実力を測り、志望校を選別していくことになります。

これまでは多くの方が「入学難易度（偏差値）」という1つのモノサシで大学の価値を測っていたと思います。入学難易度が高い大学＝世間的に良い大学でした。しかし今後は**受験生それぞれが、自分が重視するモノサシで各大学の価値を測ることになります。**

逆に言えば、自分のモノサシを持たない受験生は、出願先を選べないし、入試のための適切な準備もできないということです。高大接続改革は「どのような生き方を望みますか」という問いを受験生に投げかけているのです。

1.3 ミスマッチをなくして、進学後の後悔をゼロにする

（1）様々な調査で見えてきた、大学進学後の実態

前述した大学中退者の現状についても、もう少し踏み込んでご紹介していきます。

大学進学の現状を伝える「大学がもし100人の村だったら」というたとえ話があります。大学入学者が100人だとしたら、うち12人は中退、そして13人が留年します。さらに30人は就職が決まらないまま卒業、14人は就職するものの早期退職することになる……というものです。大学を4年間で終え、卒業と同時に就職し、そこで3年以上働いている人（ストレーター）は、わずか31％に過ぎません[v]。

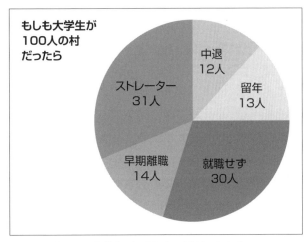

図1-5 「もしも大学生が100人の村だったら」

高校教員や保護者の方にはややショッキングな数字かもしれません。入学さえできれば大学は4年間で卒業できる、というイメージと実態は大きく異なります。

近年、全国の大学・短大・専門学校から毎年11〜12万人の学生が、卒業前に中退しています。年間3.3％の割合です。4年制大学なら、中退率は12.6％となり、実に入学から卒業までの4年間に、8人に1人が中退していることになるのです[vi]。

この中退率ですが、学校ごと、学部・学科ごとにかなりの差があり、高いところでは中退率30％以上という大学・学部もあります。20％を上回る学部は珍しくなく、志願者数で全国10位以内を競い合うような有名大学でも、学部によっては中退率15％以上、というケースがしばしば見られます[vii]。

多くの方がこうした実態を知りません。大学自身がこうした情報の発信に消極的だから、というのが大きな理由です。

実は中退率や留年率などのデータは、大学のウェブサイトなどで公開されています。文部科学省が各大学に対し、情報公開を促すルールを設けているからです。新聞社なども全国調査を行い、こうした重要なデータを社会に発信してきました。知っている人は知っているデータなのです。

しかし大学関係者からすれば中退や留年のデータは、高校生やその保護者にあまり関心をもって欲しくない情報です。志願者数が多いほど、人気を集める良い大学としてメディ

アなどから紹介される風潮もあります。受験者が増えれば入学難易度も上がり、模試などで算出される偏差値の値が上昇します。一人でも多くの受験生を集めて経営を安定させたい大学側としては、ネガティブなイメージをもつ要素はできる限り、ないことにしたいのです。

　少しだけ大学関係者の肩をもちますと、こうした数字がもつインパクトは極めて強いので、数字自体が一人歩きするおそれは確かにあるでしょう。水準の高い教育を行い、厳しく学生を鍛えているから中退率や留年率が高いという大学も実際にはあります。しかしすべての高校生がそうした事情を踏まえて数字を読み解いてくれるわけではないだろうと、大学側は懸念するのです。

　結果的に、大半の大学が制作している大学案内やウェブサイト、またオープンキャンパスなどの高校生向け広報イベントでは、こうした教育上の重要データ、特にネガティブに見える数字は一切出てきません。高校の先生に対する広報活動でも同様です。高校生向けの進学情報誌などを発行する民間企業も多いのですが、こうした企業も大学や専門学校から広告料・企画参加料などを集めて事業を行っているケースが多く、大学にとって都合の悪い情報には触れない傾向があります。これでは高校生やその保護者、高校の先生方の間で、「大学はほぼ全員が4年で卒業できるものだ」というイメージが広がるのも当然です。

　中退の実態が知られていないもう1つの理由は、高校側にあります。

　図1-6は、NPO法人NEWVERYが全国の高校を対象に行った調査の結果です。進路指導主事というのは学校全体の進路指導計画を司る責任者ですが、この役割は数年おきに、教員が交代で務めるのが一般的です。進路指導の責任者になって日が浅いまま、業務を担当している方も少なくありません。

　時間や人手、予算などのリソース不足も同調査で明らかになっています。結果、大学や専門学校から派遣される教職員や、民間企業が提供するコンテンツに頼りがちになり、進路指導が学校主導ではなく、外部の方々によるイベントの寄せ集めのようになっ

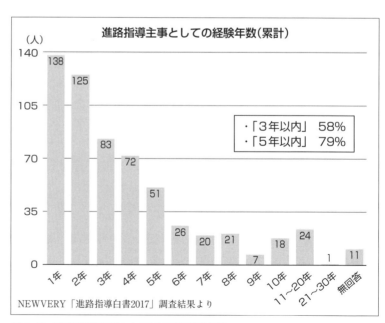

図1-6　進路指導主事としての累計経験年数

第1章　ミスマッチをなくす進路指導とは

てしまう傾向があるのです。

　現状では仕方のない部分もあります。日本の学校教員は極めて多忙で、その労働時間は先進国中でもトップクラスの長さです[viii]。授業のほか、その準備や生徒指導、部活動の指導など業務も多岐にわたります。近年では教員の労働環境のあり方を見直す動きも広がりつつありますが、まだまだ改善されていないのが現状です。進路指導には各学年教員団の考えも反映されなければなりません。最終的に各生徒や保護者に対して面談を行うのは担任教員です。そうした教員すべてが進路指導に十分な時間を割けるわけではありません。

　多忙なのは生徒側も同様で、授業や部活動、各種の課外活動で年間のスケジュールがほぼ埋まります。ホームルームなど、様々な時間をやりくりしなければ進路指導ができません。するとどうしても、外部からのゲスト講師を招いて全員で進路講演を聞く、様々な大学から講師を集めた出張模擬授業を企業にコーディネートしてもらうなどの「イベント」によって年間の指導を構成することになります。

　学校としては生徒全員へ効率的に、しかも公平・平等に学びの機会を用意せねばなりません。これでは、とりあえず生徒全員の行き先を確保させるだけでも精一杯で、とても進学後のことまで高校で面倒を見てはいられないでしょう。

(2)「留年や中退は本人の責任」「別に悪いことではない」？

　私は、留年や中退を必ずしも悪いことだとは思いません。理由次第です。長期インターンシップに参加するための休学や、海外留学のための卒業延期などは、むしろ推奨したいくらいです。世界を見れば、このように柔軟な学び方をする学生は大勢います。

　大学で様々な世界に触れ、結果的に目指す道が変わって中退するという方も当然いるでしょう。こうした方を無理に引き留めることもありません。前述したように、厳しく学生を鍛えるから留年率が高い大学もあるでしょう。その意味では中退者・留年者「ゼロ」という大学は、むしろ不自然です。

　一方で、知っておかなければならない日本の現実もあります。図1-7は、学校

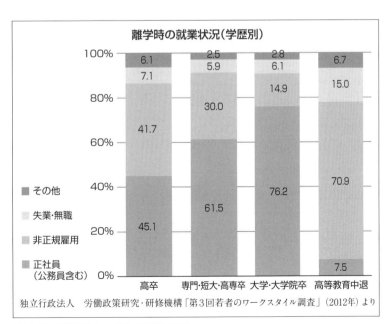

図1-7　離学時の、学生の就業状況

11

を離れた（卒業した、または中途退学した）後の、生徒・学生の就業状況です。一番右の「高等教育中退」というのが、専門学校や大学・短大を中退した方々の「その後」を示すグラフです。

　大学や専門学校を中退した後、多くの若者はアルバイトや契約社員などの非正規雇用の職に就きます。その後、正規雇用に移行する方もいますが、全員ではありません。中退はニートやフリーター増加の一因になっています。

　近年では文部科学省もこうした事態に鑑み、大学の中退率を調査したり、各大学へ中退抑制を促したりしています。しかし大学中退者は2007年度の63,421人から、2012年度には79,311人にまで増加[ix]。5年間で2割も増えているのが現状です。中退は個々の学生のキャリアに深刻な影響を与えるのみならず、社会的にも大きな課題となりつつあるのです。

（3）なぜ望まぬ中退や留年が増えているのか

　文部科学省が全国の国公私立大学、公私立短期大学及び高等専門学校を対象に行った2014年の調査結果では、中途退学の理由として①経済的理由（20.4％）、②転学（15.4％）、③学業不振（14.5％）、④就職（13.4％）が順に挙げられています[x]。この結果が大きく報じられたこともあり、「大学中退は経済的な理由」というイメージをもっている方も多いのではないかと思います。

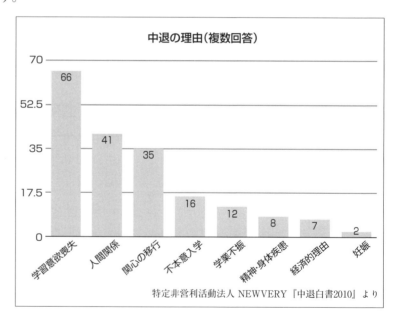

特定非営利活動法人 NEWVERY『中退白書2010』より

図1-8　『中退白書2010』調査による、大学・専門学校の中退理由

　NEWVERYが2010年に『中退白書2010』制作のために行った調査では、中退の理由として、少し違う一面が浮かび上がっています。NEWVERYは高等教育機関の中退経験者101人に対し、長時間の個別面接を行いました。そこで見えてきたのは、経済的理由よりもむしろ、「学ぶ意欲を失った」という理由の多さです。

　文部科学省の調査は高等教育機関が提出したデータに基づくものですが、NEWVERYの調査は中退者本人への詳細なヒアリングによるものです。

一般的に大学では、学生が退学届を提出した際、それを受理する前に学生本人と教職員との面談を設定します。教職員が学生を呼び出して、退学の理由を子細にたずねたり、悩みの相談に乗ったりするというものです。場合によっては退学を考え直すように諭すこともあるでしょう。これは教育機関として学生のためを親身に考えたサポートの一環であり、前述した中退抑制策の一環でもあります。しかしすでに退学を決意している学生にとっては、早く終わらせたい時間であるのも事実。そこで、教職員に絶対引き留められないような理由として「経済的理由」と回答した……というケースも中にはあるようです。

　望んで入学したはずなのに、なぜ学習意欲を失ってしまうのか。人によって理由は様々でしょうが、明らかに大学入学後の学習内容を勘違いしていた方や、学部・学科や大学の比較検討を十分に行ってこなかった方、安易なプロセスで「入れる大学」を選んだ者、そもそも学びではなく「大学生ライフ」だけを楽しみにしていた人など、**高校在学中の進路検討に問題があったと考えられる者も少なくない**のです。

　少し調べただけで未然に防げたはずのミスマッチなら、本人のためにも社会全体のためにも、予防に努める方が望ましいと私は思います。

1.4　「3つの理解」を進路指導の目標にする

（1）3年間の進路指導に、「3つの理解」という指針を

　高大接続改革への対応と、進学後の望まぬ中退・留年の予防。この2つの観点から、ミスマッチをなくす進路指導の実践を考えていきます。

　本書で提案するのは、「3つの理解」という目標設定です。

ミスマッチをなくす進路指導のための、「3つの理解」

① 【学問・職業理解】
　（例）心理学ってどんな学問なの？　面白さはどこにあるの？
　　　 学ぶ上で、大変な部分はどういうところ？

② 【学校理解】
　（例）A大学の心理学科と、B大学の心理学科にはどんな違いがあるの？
　　　 どちらのカリキュラムや学習環境が、自分に合っているの？

③ 【自己理解】
　（例）そもそも私は本当に心理学を学びたいの？
　　　 これを学んで将来、何をやりたいの？

　実際の大学生の例を出して説明します。

　たとえばこんな男子学生がいます。ロボットに興味をもち、ものづくりをしたいと考え

て工学部に進学したところ、数学や物理などの基礎的な学習についていけず単位が取れなくなり、1年次に中退しました。ロボット製作実習も想像していたものと違い、楽しめませんでした。メディアに出てくるドローンやアンドロイドのイメージだけで安易に進路を決めたことを後悔しています。

「指定校推薦枠の中で就職率が高く、最も名前が知られている大学・学部」という理由である大学の経済学部に進学し、まったく授業に興味をもてないまま辞めてしまった学生もいます。

「お前なら受かるから」と教員に勧められ、誰もがうらやむ難関国立大学に進学したものの、学問内容に関心がもてず、入学後3か月で辞めてしまった学生もいます。これらはみな【学問・職業理解】が不足していたための結果です。

「100人以上の大人数で一方的に講義を聴くばかりの大学に入ってしまった。いま思えばもっと少人数の大学で、先生や同級生と話し合うような授業の多い大学に行けば良かった」「有名な大学だから選んだが、自分のいる学部は寝ている学生ばかり。1年生のうちから実践的な授業を行う学部や大学に行った方が良かった。アルバイトの方が楽しくて、大学から足が遠のいている」「留学先が充実した大学と聞いて進学したが、多額の留学費用がかかる上に、専門分野ではなく語学を学ぶだけの語学研修だった。近隣の他大学なら交換留学で費用を抑えられたし、関連のある分野の留学先に行けたのに」……。

このように、大学の規模や授業スタイル、学習支援環境などについてミスマッチを起こす大学生も少なくありません。これらは【学校理解】の不足と言えるでしょう。

また、こんな女子学生がいます。先生や保護者の強い勧めで大学の看護学部へ進学。成績も悪くなかったのですが、2年次から始まった看護の実習で「自分には向いていない、無理だ」と気づきました。大学を中退して別の大学・学部を受け直すことにしたのですが、年間170万円もする学費を払うために借りていた奨学金の返済が、重い負担として現在も残っています。看護学部への進学を決める際、自分で看護系大学の学びの中味を検証せず、就職率が高いから、保護者や教員が勧めるからといった理由で決めてしまったことを今も悔やんでいます。これは学問・職業理解の不足であると同時に、「自分が本当に看護師になりたいのか、突き詰めて考えていなかった」という点で【自己理解】の不足でもあります。

たとえば多くの高校では、夏休み中に大学のオープンキャンパスに行くことを推奨する、または宿題として義務づけています。しかし「どのような大学に行くか」「そこで何を検証してくるか」といった点についての事前指導がないケースは少なくありません。そのため似たような条件の大学ばかり見てきて気づきの幅が狭くなったり、サークルやアルバイト、学食のメニューなど楽しいキャンパスライフに関する面ばかりを見てきて、肝心の学習はほとんど見ずに帰ってきたり。進路学習が浅いまま終わってしまうケースもあるでしょう。

もし【学問・職業理解】を目的にするなら、「模擬授業は文系学部と理系学部から必ず2種類ずつ受講しなさい」といった事前指導が考えられます。【学校理解】が目的なら、「大規模大学と小規模大学を見て、それぞれの良い点と悪い点をレポートしなさい」といった指導になるでしょう。【自己理解】がテーマなら、「中退する学生と、その理由について質問コーナーで聞き出してきなさい」「オープンキャンパスだけでなく、少し厳しめのサマープログラムにも挑戦してみなさい」といった指導も良いでしょう。

大学が提供してくれるコンテンツは【学問・職業理解】に偏る傾向があります。模擬授業や出張授業を受講すれば、「心理学って面白い」といったことはわかりますが、「A大学とB大学の心理学部の違いは何？」という点についての理解は深まりません。【学校理解】が、意外と深まりにくいのです。

また大学が高校生向けに行う施策は、基本的に志願者を増やすことを目的にしていますので、生徒をお客様扱いした、楽しい体験になっていることが一般的です。「看護師の職務はこんなにハードで、明らかに向いていない人もいるから、ちゃんと考えて」といった話は、生徒のためには重要なのですが、大学側はあまり積極的にしたがりません。【自己理解】を深める機会も、高校教員の側で意識して考えさせる必要があります。

この「3つの理解」だけではカバーしきれないケースも、あるとは思います。それでも多くの高校では、こうした観点を生徒に提示することが、ミスマッチをなくすための大きな助けになるはずです。

(2) 7年での成長を考えさせる

「高校と大学を合わせた7年間での人材育成」をイメージしていただければと思います。大学入学者選抜はその中間に設定されたひとつの分岐点であり、各自の努力の結果や適性を測って次につなげていくための通過点です。入試を通過するためだけに3年間の学びを費やしていては、この分岐点までに適切な大学を探せなかったり、後半でミスマッチを起こしたりします。後半でより大きく、より自分らしい成長を遂げるための

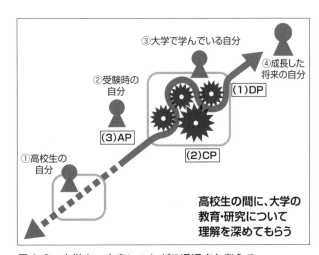

図1-9 大学を、未来につながる通過点と考える

準備を、前半の3年間で進めていくと考えてみてはいかがでしょうか。

その前提に立ち、大学や専門学校の力をさらに上手く、進路指導の様々な場面で活用することを高校教員の方々に勧めたいと思います。

すでに多くの高校では、進路指導の一環で大学のオープンキャンパスに行くことを生徒へ勧めていますし、高校に講師を派遣しての模擬授業イベントなども盛んに行われています。それを、さらに一歩進めましょう。

　「1年生の文理選択前に、少しでも学問理解を深めさせたい。模擬授業の構成を工夫してくれませんか」「自己理解を深めるために、普段の授業を生徒に聴講させてくれませんか」など近隣の大学や専門学校に、具体的なねらいを添えながら協力を求めて良いと思います。もちろん協力してくれない大学もあるでしょうが、生徒のためならばと一緒に考えてくれる大学もあるはずです。

　十分な進路指導を行うためのマンパワーや予算は高校内にはありません。多様化した学問分野へのガイドも、高校だけでは不可能です。それを補ってくれるキャストや舞台は、大学・専門学校の方々に協力を仰いで整えても良いと思います。ただ、生徒の学びや気づきにつながることが最も大事なのですから、企画自体は高校側が主導することが望ましいでしょう。高校の進路指導担当者は全体のプロデューサーであり脚本家です。

　その具体的な方法については、次章以降で詳しく説明します。

コラム　そもそも進路指導って、何のために行うの？

「キャリア教育」という言葉が教育現場に登場してから、かなり経ちました。平成16年にとりまとめられた「キャリア教育の推進に関する総合的調査研究協力者会議報告書〜児童生徒一人一人の勤労観、職業観を育てるために〜」では、以下のように述べられています。

> 進路指導は、生徒が自らの生き方を考え、将来に対する目的意識を持ち、自らの意志と責任で進路を選択決定する能力・態度を身に付けることができるよう、指導・援助することである。定義・概念としては、キャリア教育との間に大きな差異は見られず、進路指導の取組は、キャリア教育の中核をなすということができる[xi]

平成23年の中央教育審議会答申においても、高等学校における進路指導を事例としながら、「進路指導のねらいは、キャリア教育の目指すところとほぼ同じ」との見解が示されています。

「進路指導」は、中学校、高等学校において、卒業後の進路を検討・決定する一連の取組を指す言葉として定着していますが、本来は上記の通り、「自らの意志と責任で進路を選択決定する能力・態度を身に付ける」ためのキャリア教育の重要な実践パートとして位置づけられています。

しかし実態を見ると、進路指導を取り巻く状況は少し複雑です。

たとえば進路指導の結果は事実上、社会の中で、学校の教育力を測る指標として参照されています。多くの高校が「進路指導実績」として、各大学への合格者数などを自校のパンフレットやウェブサイトに掲げており、様々なメディアがこうした合格実績を、その高校の評価として紹介しています。こうした数値を参考にして、自分の進学する中学や高校を検討する受験生が多いのも確かでしょう。

図1-10は、NEWVERY『進路指導白書2017』が調べた、進路指導主事が指導のために重視する項目。図1-11は自らの指導を評価される際の評価軸です。前者では重視されていない「入学難易度の高い大学への進学意識向上」や「保護者の希望」が、後者では上位になっています。

進路指導は学校を取り巻く様々な環境の中で行われています。そんな中、進路指導方針の見直しなどを掲げても、「結局、大学の合格実績で高校は保護者や地域から評価されるのだから、それを進路指導の目標にするしかない」「どの高校もだいたい同じような取組をしているはず。特別なことをする必要はない」「卒業後のことは、高校の責任ではない」「余分な時間や手間はかけられない。予算だってない」……といった不安や反対の声が上がり、進路指導のあり方に関する議論は先送りになってしまう。そんな声も、現場で進路指導を担当される教員の方々からは伺います。

しかし、その指導のあり方が今後も最善なのかと問われれば、答えに迷う教員も少なくないのではないでしょうか。

【進路指導の目的として以下の各項目をどの程度、重視しているか教えてください(「非常に重視」の数値を表示)】

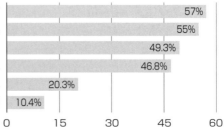

図1-10　進路指導主事が、指導の目的として重視する要素

- 本人の興味関心や特性に合った進路とのマッチング　57%
- 主体的に自分の進路を考え、計画する姿勢への転換　55%
- 将来の職業選択に向けた、職業観を養い育てる　49.3%
- 高校での普段の学習内容に対する学習意欲や態度の向上　46.8%
- より入学難易度の高い大学への進学意識向上　20.3%
- 保護者の希望を尊重した進路選択の実現　10.4%

【貴校では、道路指導の成果がどのような要素で評価されているとお感じですか】
(「非常に重視」の数値を表示)

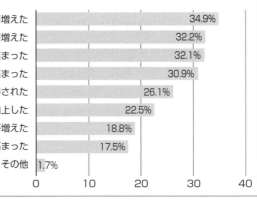

- 国公立大学への合格実績が増えた　34.9%
- 入学難易度の高い大学への合格実績が増えた　32.2%
- 中学(中高一貫校なら小学校も)からの評価が高まった　32.1%
- 保護者からの評価が高まった　30.9%
- 生徒の普段の学習姿勢が改善された　26.1%
- 就職希望者の就職率が向上した　22.5%
- 四年制大学への進学者が増えた　18.8%
- 大学・専門学校・企業からの評価が高まった　17.5%
- その他　1.7%

図1-11　進路指導主事が、指導成果の評価軸として使われていると感じる要素

第2章

3年間での指導計画のポイント

本章からは、具体的な進路指導の計画と実践について説明します。
まず本章では、高校3年間を通じた指導の目標設定や、注意すべきポイントについて述べます。

※本章以降、以下3つの区分で具体的な解説を行います。1項目に対して［生じがちな問題］や［ミスマッチ予防の工夫］を複数、記載しているページもあります。

［従来型の進路指導では］…

→ 一般的にはどのような指導が行われているか、を解説しています。
　その是非については極力触れず、現状の解説に努めています。

［生じがちな問題］…

→ 従来型の指導の結果、どのような問題が発生しているか、
　または発生する可能性があるかを解説しています。

［ミスマッチ予防の工夫］…

→ 従来型の指導によって発生する問題を回避するために
　実践できる指導の工夫や、指導上のポイントを解説しています。

2.1　進路指導の前提と目標

（1）［従来型の進路指導では］大学進学者の増加を願う高校は多い

　コラム＜そもそも進路指導って、何のために行うの？＞（17ページ）でも触れた通り、「進路指導は、生徒が自らの生き方を考え、将来に対する目的意識を持ち、自らの意志と責任で進路を選択決定する能力・態度を身に付けることができるよう、指導・援助することである」とされています。目指すところは「キャリア教育」と同じです。実際、高校のウェブサイトなどでは、「生徒一人ひとりの自己実現」「将来に向けた職業理解の促進」といった言葉を進路指導の目的として挙げていることがほとんどです。

　しかしその一方で、多くの高校には「四年制大学の進学実績をできるだけ増やす」という暗黙の目標が存在しています。専門学校進学よりは大学進学の方が、本人の将来の可能性を広げる「望ましい選択」であり、「望ましい結果」だという考え方です。

　高校卒よりも四年制大学卒、さらには大学院卒の学歴をもつ人の方が、より多くの収入

を得られる可能性が高い。このことは初任給や生涯賃金のデータなどを見ても明らかです。また多くの企業が行う新卒採用の参加条件が事実上、四年制大学または大学院卒の人に限定されているのも確かです。こうした現実を見れば、できるだけ多くの生徒に大学進学を目指させたいと、高校が考える気持ちもわかります。

経済的な側面以外でも、大学進学によって得られるメリットは少なくありません。好きな学問にじっくり打ち込めるという点は言わずもがなですが、ほかにも職業選択前に学問を通じて様々なモノの見方や考え方を学べること、多様な教育者や友人との出会いで刺激を受けられること、自由な時間を使って人生を見つめ直せること、卒業後の進路に幅があることなど、大学の魅力を挙げ出せばキリがありません。

専門学校は基本的に、現存する特定の職業に就くための職業教育機関。ですから「進学先選び＝職業選択」です。しかし現在は、高校2～3年生の段階で生涯の職業を決められる人はそう多くありません。大学でもう少し社会のことを知って欲しい、と考えて大学進学を進める教員も多いのではと思います。

(2)［生じがちな問題］無理に大学を勧めることはミスマッチの要因にも

前項に挙げた通り、大学進学には多くのメリットがあります。生徒になるべく大学を勧めたいと考える高校が多いことは、ある意味では当然のことかも知れません。この点は我が国に限らず、他の国でも同様に見られる傾向です。

ただ、色々な情報を真剣に調べ、しっかり考えた上で強く専門学校の進学を望んでいる生徒に対しても、大学進学を目指すよう希望を考え直させるような指導を行う学校や教員も中にはあるようです。

また同じ四年制大学への進学であっても、高校側が難関大学や国公立大学への進学実績を増やしたいあまり、「地元の私立大学なんかを希望するな。あんな大学に行っても社会は評価しない」と過度に特定の大学を貶めて評価したり、「全員が国公立大学を目指す姿がまっとうだ」などと、生徒の進路選択を過度に誘導したりする例も、残念ながら一部には存在します。

後述しますが、国公立大学は入学者の多くを、高校3年生冬の一般入試で選抜します。国公立大学を目指すよう生徒に指導をすれば、結果的には高校3年生の最後まで手を抜かず勉強してくれるだろう、という学校側の思惑もあるのでしょう。

高校3年生の最後まで勉強させるようなストーリーを敷くことで、結果的に難関大学へ合格する生徒が増加する効果は確かにあると思います。難関大学への合格実績を稼ぐことは、短期的には学校の経営メリットにもつながります。

しかし現実的には、生徒の全員が国公立大学に合格できる高校など、ごく一部にしか存在しません。「一人でも多くの生徒に国公立大学を目指させたい」という目的で、地元私大に目を向けさせないよう指導している高校は少なからず存在します。でも、結果的には過半数の生徒が、夢かなわずその地元私大に進学しているというケースも多いはずです。

今どきの高校は3年間で生徒が様々な大学と接するよう、キャンパス見学や出張授業などを企画しています。しかし、そこで登場する大学のラインナップが、露骨に「高校として目指させたい大学」だけに限定されているケースも少なくありません。実際に卒業生が最も多く進学している大学群が、そこに含まれていないこともあります。

　高校のウェブサイトには、ほぼ必ず「進学実績」というページが存在します。最近では、「国公立大学の合格実績アップ！」「卒業生の○割がMARCH以上に合格！」など、予備校さながらの記述で実績をアピールされている高校もあります。学校も経営を考えなければならない以上、そうした広報もある程度は仕方がないと思うのですが、そうした進学実績の大学名一覧に自分の進学先が掲載されておらず、「なかったことにされている」大学生は大勢います。高校によっては、卒業生の半数近くがその扱いを受けていることもあるほどです。

　前述の通り、大学では中退者の増加が問題になっています。中退を生む要因のひとつが、学生の自己肯定感の低さです。高校の先生があれほど馬鹿にしてきた大学にしか自分は進学できなかった、というネガティブイメージを入学当初から抱えているために、どれだけ良い授業やカリキュラムを大学が用意していても、本人のスイッチが切り替わらないままなのです。

　高校での進路指導が、結果的に進路後のミスマッチや中退者を増加させているケースも、残念ながら少なからず存在します。しかし学生募集への影響を考え、大学や専門学校からは、高校にその事実を伝えにくいという現状もあります。

(3) [ミスマッチ予防の工夫] 進路指導のゴールを15年後以降に設定する

　学校教育のゴールは大学合格でも就職内定でもありません。将来、経済的にも精神的にも自立した人間になることです。詳細に挙げるなら、経済的な安定を維持できる人間であること、自己実現に向けて努力し続けられる人間であること、社会の変化に対応できる人間であることといった要素が並ぶでしょう。この点で高校教員が生徒に望むことと、保護者が我が子に望むことは同じです。

　ですから進路指導も「15年後〜30年後」を見据えた目標設定にすべきです。

　「就きたい職業」などを挙げ、そこから人生年表を逆算させる指導は前述の通り、時代に合いません。具体的な指導方法は本書の各章で触れますが、教員側は、まず以下のような点を共通認識としてもっておくと良いでしょう。

第2章　3年間での指導計画のポイント

進路指導のゴールを「15年後～30年後」に設定する上での大前提

・未来は誰にも予測できない
　　教員にも保護者にも、人生の「正解」は提示できない。絶対安泰な進路など存在しない。

・地図ではなく「コンパス」が大事
　　ゴールまでの地図はなく、常に社会と自分の状況は変わっていく。自分自身の行動指針となる価値基準を模索することが大事

・能力は「かけ算」
　　進学先で身につくことも、数ある武器のひとつに過ぎない。人生で磨ける複数の武器を組み合わせ、ときに取り替えながら、自分だけの勝負の仕方をつくっていくことが大事

・選んだ環境を活かせるかどうかは自分次第
　　どれほど評価の高い組織にも、そこで活躍できる人と、できない人がいる。大学や就職先も同じ。難関大学に合格しても学業が振るわない人や、卒業後に苦労している人はいる。組織に自分の人生を引っ張り上げてもらうことを期待するのではなく、その環境を自身の成長へどう活かすか、自分で考えることが大事

（4）［ミスマッチ予防の工夫］自分のモノサシで進学先の価値を測らせる

　ここに2つの大学があります。A大学は留学先となる国が多いのですが、選抜があるため全員は留学できません。また留学先の学費はすべて自己負担です。一方、B大学は留学先こそ特定の国に限られますが、希望者全員が留学でき、また留学先の学費の一部を大学が負担してくれます。さて、あなたなら、どちらの大学を選びますか？

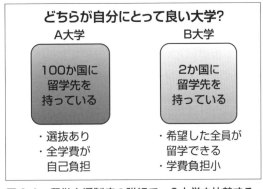

図2-1　留学支援制度の詳細で、2大学を比較する

　これは私が高校生向けの進路講演で使う質問のひとつですが、実際に聞いてみると9割程度がB大学、1割程度がA大学を選ぶことがほとんどです。保護者向け、教職員向けの講演で聞いても、結果はほぼ同じです。

　英語圏に留学したいのならB大学を選ぶ方が多いでしょう。しかし「アジア諸国との架け橋になりたい」「いずれアフリカでビジネスを起こしたい」といった人にとっては、たとえほかの9割の同級生がB大学を選んでいたとしてもA大学の方が自分の希望に近い「良い大学」です。

大勢にとってのベストな選択が、その生徒にとってのベストとは限りません。「留学先は多い方が良い」といったモノサシを誰かが提示し、生徒全員にそれで大学を測るよう指導していたら、良い結果にはなりません。こうした違いは大学間に数多く存在しています。しかも今後、高大接続改革の進展に伴い、違いはより明確にされていくはずです。

　高校生が最も気にしているモノサシといえば、模試などで示される偏差値だと思います。自分の学力で合格できるのか判断する上で、もちろん大事な統計情報ではありますが、「偏差値の数字がひとつでも高い大学の方が、世間的に評価の高い、良い大学だ」「それはつまり、良い教育を受けられる大学だ」……と、大学自体の価値を測る数字のように捉えている高校生も多いようです。

　さらに言うなら、「偏差値の高い大学に受かれば、周囲の同級生や教員、保護者からも一目置かれるはず」といった、自分自身の価値を測るデータのように捉えている人も、世間には多いのではないでしょうか。

　ここについては様々な立場の方が様々な主張を行っていますが、本書では「あなたの期待する教育力と大学の入学難易度は必ずしも相関がない」という事実を指摘しておきましょう。偏差値は大学のある一面を測る指標に過ぎず、万能のツールではありません。

　教育や研究の実績を様々な指標で比較したときに、地元の私立大学の方が、地元の国立大学を特定分野で上回っているという現象はそれほど珍しくありません。高校教員にあまり知られていない小規模大学が、特定分野でほかの有名総合大学よりも高く評価されている、といった例も少なくないのです。

　大学が入学者選抜を行う以上、模試などの偏差値データは無視できません。無理に軽視する必要もないと思います。ただそれが、ある一面を示す数字のひとつに過ぎないことを生徒が理解していなければ、ミスマッチはなくなりません。

　周囲の大人が勧めたい進路が、本人に合っているとは限りません。学ぶのは本人ですから、まずは「進学先の価値は、自分のモノサシで測らなければならない」ということを、生徒自身に理解してもらうことが大事です。

(5) [ミスマッチ予防の工夫] 大学進学後の現状について早めに伝える

　大学進学後のミスマッチが広がっている理由のひとつは、その実態が高校生やその保護者、高校教員の方々へ伝わっていないことです。逆に言えば、**現状を示すデータを早めに生徒へ伝えるだけでも、ミスマッチを未然に防止する効果は期待できます**。

　自校の卒業生が多く進学していった大学や学部について、その中退率や留年率、正規雇用率などを調べ、資料として生徒や保護者に提示するだけでも相当のインパクトがあるはずです。「入試の合格がゴールではない」ということを端的に理解してもらう上でも、効果的な工夫です。

2.2 3年間の全体像を計画する

(1)［従来型の進路指導では］文理選択や入試等の締切を意識させること

図2-2はNEWVERY『進路指導白書2017』の調査結果です。生徒の文理選択の実質的な決定期限を集計したものです。

1年次に文理選択をさせる高校が過半数ですが、これは文理各コースに分かれたカリキュラムが2年次からスタートすることを前提にしたものと思われます。

文理選択が存在しない高校も22％と少なくありませんが、ここには単位制総合高校のように履修する授業を生徒が自由に選べる高校や、実質的に全員が理系となる工業高校、農業高校なども含まれています。

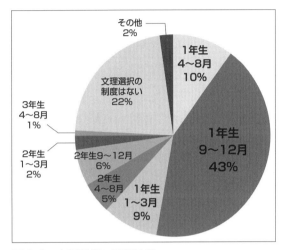

図2-2　文理選択の締切時期

表2-1は授業や課外活動の時間を確保して生徒に取り組ませている様々な進路指導の施策の、実施時期を集計したものです。

表2-1　高校3年間での、進路指導施策の実施時期

項　目	1年生 4〜8月	1年生 9〜3月	2年生 4〜8月	2年生 9〜3月	3年生 4〜8月	3年生 9〜3月	実施せず
職業や働き方についての情報収集	32.1 %	42.8 %	18.7 %	22.8 %	22.3 %	4.0 %	18.7 %
文系・理系それぞれの理解	31.9 %	49.1 %	13.2 %	11.2 %	4.1 %	1.2 %	27.3 %
就職後を見据えたライフプランの検討	23.1 %	26.9 %	12.1 %	14.7 %	12.9 %	8.4 %	40.8 %
学部・学科についての情報収集	18.0 %	32.9 %	41.7 %	42.0 %	29.6 %	6.0 %	19.0 %
（高校卒業後の）進学と就職の比較	18.7 %	26.1 %	14.4 %	12.9 %	9.9 %	0.8 %	47.9 %
大学・短大と、専門学校の比較	13.2 %	25.1 %	22.8 %	23.5 %	13.1 %	1.0 %	40.8 %
国公立大学と私立大学の比較	10.6 %	18.3 %	18.0 %	23.3 %	15.0 %	3.3 %	52.9 %
同分野における学校ごとの比較	4.1 %	10.7 %	17.4 %	31.4 %	26.6 %	5.1 %	45.8 %
入学試験についての情報収集	5.6 %	13.2 %	16.9 %	44.1 %	65.0 %	26.4 %	20.5 %

※アミかけは、回答比率が30％を越える箇所
※実施時期順に並べ替えて表記

多くの高校で「いつ頃までに生徒全員へ何を決めさせる」という、進路指導上のチェックポイントが存在していることがわかります。進路指導を効率的に進めるため、概ね以下のような工程が組まれていることが読み取れます。

> 多くの高校が想定している、各学年の進路指導のミッション
>
> 1年次……文理選択など、大まかな進路方針の絞り込みを行う時期
> 2年次……受験を見据えた志望先の検討（学部・学科、および具体的な学校）
> 3年次……最終的な受験先の選択と、入学試験についての情報収集

(2)［生じがちな問題］一人ひとりの理解が浅いまま、ミスマッチの種が残る

こうした進路指導には暗黙のルールが存在します。それは、一度選んだ選択肢はさかのぼって選び直せないということです。

文理選択制を採り入れている高校では、高校1年生の秋〜冬までに文理を決めることが一般的。2年次、3年次の途中で「文系を選んだけど、やはり理系へ」という選択を行うことは基本的に認められません。

なお理系から文系への移行は一般的に「文転」などと呼ばれ、こちらは例外的に認める例もあるようです。「理転」を認めない理由としてよく聞かれるのは、数学などの理系科目を途中から履修し直し、大学受験レベルまで短期間に学習し直すことは困難だというものです。しかし原則として、この文転もあまり推奨はされません。

こうした進路指導では、各時点の選択が後々に与える影響が非常に大きいと言えます。生徒一人ひとりが納得して次へ進めるよう、十分な指導が必要です。しかしすべての現場で、その指導体制が作れているとは限りません。

高校における文系、理系の仕組みは、日本の大学入試システムに対応するための慣習です。日本では、文系学部の入試では慣例的に英語、国語、社会科が、理系学部では英語、数学、理科が入試科目に設定されてきました。こうした入試に向けて効率的に学習科目を絞り、各生徒が得意科目に注力できるようカリキュラムを配置する仕組みが、文系、理系というコース区分です。

ですから【学問・職業理解】の学習から始め、興味がある学問を修めるために必要な科目は何かと逆算して文理を選択させるのが、あるべき順序です。

しかし実際には、まず大枠としての文系、理系を1年次に決め、具体的な学部・学科を2年次以降にゆっくり検討させる、という流れが一般的です。その結果、「文系から理系への途中変更はできないが、とりあえず理系を選んでおけば迷ったときに文転できるから」という理由で理系を選択したり、1年生1学期の苦手科目で文理を決めたりするケースも生じているようです。

大学進学後のミスマッチや後悔を減らすことよりも、入試に向けた学力向上を優先して

きた学校の事情が、こうした現状の背景にはあるのでしょう。従来はそれでも概ね問題がなかったのかもしれませんが、今後は違います。

(3)［ミスマッチ予防の工夫］「3つの理解」を3年間の指導計画に

　文理選択や履修科目選択など、進路指導には様々な締切が存在し、それに合わせた指導の施策が各校で行われています。多くの場合、進学後の後悔を減らすという視点がそこから抜けがちです。

　ミスマッチをなくすという【学問・職業理解】【学校理解】【自己理解】の観点で3年間の進路指導計画を立て、どの施策がどの理解に合致するか、あらかじめ時期を想定しておくことをお勧めします。どんな気づきをいつまでに、どのような手段で生徒一人ひとりにもってもらうかが俯瞰できます。表2-2は、3年間の指導計画に「3つの理解」を入れ込んだ例です。必ずしもこの通りである必要はありませんが、参考にしていただければと思います。

表2-2 「3つの理解」と高校3年間の進路指導の流れ（例）

		4～6月	7～9月	10～12月	1～3月
3年生	一般的な進路検討の時期	志望校の最終検討	出願先決定　AO入試	推薦入試	一般入試　センター試験
		●受験勉強、本格化	●受験直前対策など		
	「3つの理解」による、進路指導施策			★オープンキャンパス等に参加（出願先の最終比較。教育の中味を吟味）[学校理解] ★各種データでの志望校比較 [学校理解] ★第三志望群の大学まで、出願する大学すべてのリサーチを終了 [学校理解]	●入試システムについて情報収集
2年生	一般的な進路検討の時期	学部・学科の検討		志望校の検討	
	「3つの理解」による、進路指導施策		★オープンキャンパス等に参加し、各学校の特色を分析 [学校理解] ★サマープログラム等、参加ハードルの高い取組へ挑戦 [学問・職業理解] ★春～秋頃までに進学希望者全員が、大学で「普段の授業」を体験 [学問・職業理解] [自己理解]		
1年生	一般的な進路検討の時期	文理選択の検討		文理決定	理科、社会科などの選択科目決定
	「3つの理解」による、進路指導施策	★キャリアの前提を理解 ・15年後の社会の理解 ・大学進学後の現状理解	★学習環境が対照的な2校以上について、オープンキャンパスを使った比較リサーチを実施 [学校理解] ★秋までに大学で文系、理系両方の授業に触れる [学問・職業理解] ★専門職を志す生徒は、早めに職業体験などのプログラムへ [学問・職業理解]		

28

2.3　大学・専門学校スタッフに力を借りる際の注意点

（1）現代の進路指導は、大学・専門学校の協力なしには実施できない！

進路指導のパートナーとして重要なのが、大学や専門学校の教職員です。高大連携、高大接続といった言葉が示すように、高校と大学が生徒・学生のために手を組むことで可能になることは多いはずです。

『進路指導白書2017』は、高校で多く実施される進路指導行事を調べています。

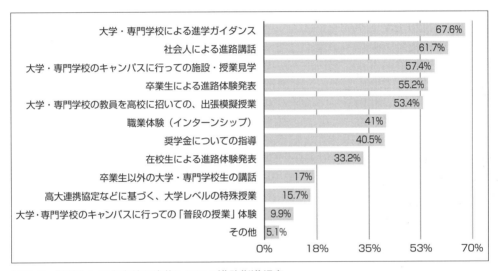

図2-3　学校として全生徒に実施している進路指導行事

「大学・専門学校による進学ガイダンス」が67.6％と最多。さらに「大学・専門学校のキャンパスに行っての施設・授業見学（57.4％）」「大学・専門学校の教員を高校に招いての、出張模擬授業（53.4％）」など、大学及び専門学校のスタッフが内容を主導する企画が上位に見られます。こうした調査結果を見ても、やはり大学・専門学校の協力抜きに進路指導を実施するのは難しいことだとわかります。

（2）大学側のホンネと、すれ違い

率直に言って、大学・専門学校がこうした企画に参加する際の動機は、第一に学生募集でしょう。もちろん、そうでない動機で尽力されている大学や教職員も全国にいらっしゃいますが、組織の経営を考えた場合、学生募集はやはり上位の数値目標。18歳人口が減少し続け、定員割れの学校も増えている中、これは仕方がないことでしょう。入試広報を担う教職員が、その職務を達成するために行動するのは当然です。

一方、高校側にも「できるだけ進学実績を向上させたい」といった思惑は存在している

はずです。これもまた、別に否定されるものではないと思います。

ただ、この両者の狙いはときに衝突します。

こちらの図で言えば、B高校にとって現実的に、最重要の高大接続パートナーはP大学のはずですが、進路指導部としてはできればO大学への進学実績を上げたいのです。こうなると、O大学の模擬授業や大学見学ツアーをぜひ実現させたい、となります。

逆に、Q大学のような大学にはあまり触れさせたくない……という思惑も働きます。たとえ、仮にP大学の次に進学者の多い大学がQ大学だったとしても、です。

P大学の視点に立っても同様のことが起こります。できれば高い学力層の多いA高校の進路イベントには積極的に協力したい。一方でC高校の優先順位は下がります。かくして、高校と大学の想いは永遠に一致しません。このように、それぞれが自分よりも「格の高い」相手ばかりを見つめているような状況が、全国あちこちで発生しています。

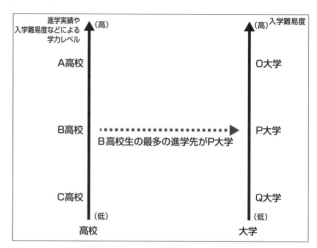

図2-4　高校の学力レベルと、大学の入学難易度による両者の関係性

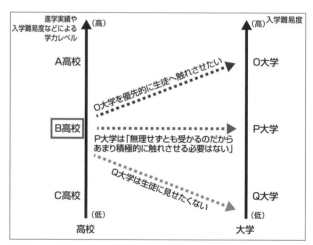

図2-5　高校の学力レベルと、大学の入学難易度による両者の関係性

(3) 進学ミスマッチを減らし、エース級の学生を増やそう

前述の図で言えば、個人的な見解としては、P大学はC高校にむしろ積極的に協力して、そこで学ぶ生徒の成長に寄与し、C高校の成績上位層が憧れる大学になれば良いのではと思います。もっとも入試広報の担当者が、志願者の表面的な数字や属性ばかりを見ていたり、自学の教員や教務部スタッフと連携できていなかったりすると、なかなかそのような高大接続のプロジェクトが形にならないかもしれません。

B高校も、まずはP大学やQ大学と一緒に深くて専門的な高大接続のプロジェクトを

企画し、生徒の成長のために力を貸してもらうことから始めてみても良いのではと私は思います。結果的にそこからO大学への進学者が生まれるかもしれませんし、P大学やQ大学のエースとして、進学後にトップクラスの成長を遂げるロールモデルが輩出されるかもしれません。

大学でもアクティブラーニング型の授業を増やす流れが進んでいます。入学時点で学びに意欲的な学生が入学者の1割でも含まれて

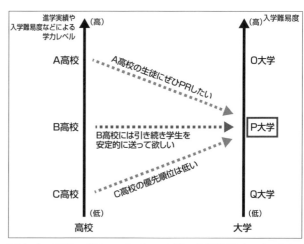

図2-6 高校の学力レベルと、大学の入学難易度による両者の関係性

いれば、その学生が周囲に刺激を与え、授業の進行を助ける存在になります。P大学にとってそうした取組を一緒に行ってくれるパートナーは、B高校やC高校ではないでしょうか。

中退などのミスマッチ抑制でも、高校と大学には連携の余地があります。志願者数確保は大学側の重要ミッションですが、「中退抑制」もまた同様です。中退者増加が大学の経営に大きなダメージを与え始めていることに加え、文部科学省も近年、中退率を始めとする教育情報の公開義務化を大学に対して強く求めてきています。中退者の情報を高校と大学の間で共有することで、それを未然に防ぐための進路指導や高大連携プロジェクト、入学前教育なども実現できます。

2.4 各種民間サービスの活用法

（1）各種サービスの種類と効果

2018年現在、四年制大学の数は全国でおよそ800校、学士号に付記される専攻表記は700種類以上に上ります[xii]。進路に関する情報量はこの20年あまりで爆発的に増加しました。もはや高校教員の力だけで進路指導に必要な情報のすべてを手配することは不可能と言って良いでしょう。

> 進路情報を扱う民間事業者のサービス（例）
>
> ■生徒向けのサービス
> ○メディアを通じた大学情報の提供
> ・生徒向け進路情報誌の制作と配付
> ・eポートフォリオサービスの提供
> ・大学・専門学校の情報を集めたウェブサイトの企画運営
> ・大学案内や募集要項など、大学・専門学校の資料請求仲介
> ・各大学への合格可能性や偏差値を判定する模擬試験の提供
>
> ○イベントなどによる大学情報の提供
> ・進路ガイダンス（講師派遣）の提案
> ・大学・専門学校を集めた校内セミナーや出張授業などのコーディネート
> ・大学見学ツアーなど、特定大学と高校をつなぐイベントの企画運営
> ・大学合同説明会の企画運営
>
> ■教員・学校向けのサービス
> ・大学入試や大学教育に関する情報を伝える高校教員向け研修会や各種セミナーの企画運営
> ・高校教員向け進路情報メディアの制作と配付・配信
> ・高大接続に関する交流イベントの企画運営

　高校3年間の進路指導の中で、進路ガイダンスや出張授業、大学見学ツアーといったイベントを企画する高校は多いと思いますが、そのコーディネートを支援する民間事業者も様々です。全国的に事業を展開する大手企業もあれば、地元の大学・専門学校・企業と密接に連携していることを打ち出す地域密着型の事業者もあり、各社が高校へのサービス提供を競っている状況です。

　高校生向けの進路指導情報誌やウェブサイトなど、進路情報を扱うメディアも多数存在しています。依頼すれば生徒の人数分の冊子を無料で送ってくれる事業者もありますから、利用している高校も多いことと思います。

　労力のかかる作業を請け負うこれらのサービスは、高校の現場にとってもはや不可欠でしょう。進路指導の仕事を担当してまだ日の浅い教員にとって、年間で必要な施策をすべて教えてくれ、外注できる民間事業者は、頼りになるパートナーでもあると思います。

　実態として、「進路指導＝こうした業者へイベントを発注すること」という状態になっている現場もあるでしょう。その是非については意見が分かれるところだと思いますが、いずれにしてもこうしたサービスを避けては通れないのが現実だと思います。

（2）リスクと、賢い活用法

　『進路指導白書2017』は、以下のような調査も行っています。高校の進路指導部が民間

事業者によるサービス、各大学が発信する情報へ強く依存している状況が見てとれます。

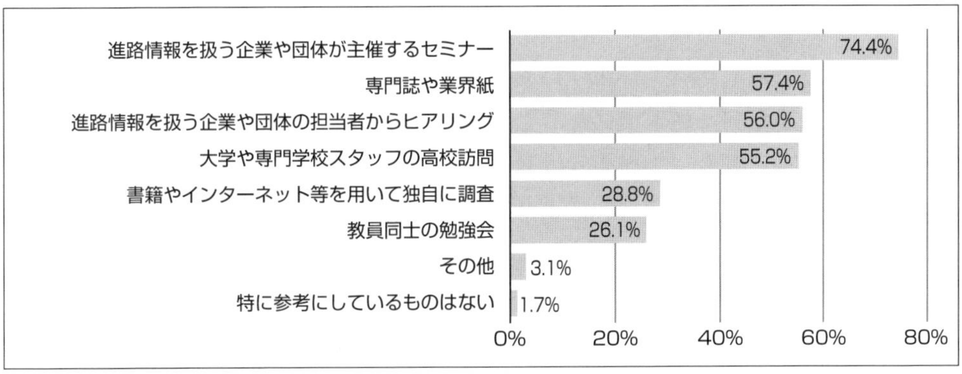

```
進路情報を扱う企業や団体が主催するセミナー        74.4%
専門誌や業界紙                                 57.4%
進路情報を扱う企業や団体の担当者からヒアリング     56.0%
大学や専門学校スタッフの高校訪問                 55.2%
書籍やインターネット等を用いて独自に調査          28.8%
教員同士の勉強会                                26.1%
その他                                         3.1%
特に参考にしているものはない                     1.7%
```

図2-7　進路指導に関する情報をどこで取得しているか（複数回答可）

　一般的に、高校生及び高校教員向けの進学情報を扱う民間事業者は、大学・専門学校からの広告料や媒体制作料、企画参加料などを最大の収益源としています。各社が発行する進学情報媒体は、大学・専門学校からの広告掲載料によって成り立っており、その広告価値は、媒体の発行部数や、媒体を見た生徒からの資料請求数に応じて評価されています。企業が行う進路セミナーも、そうした媒体の営業活動を目的としたものが少なくありません。各社のスポンサーである大学・専門学校にとって不都合な情報（中退率の高さなど）が、こうした企業の媒体や、企業主催のセミナーで取り上げられることはほとんどありません。

　前述の通り、大学や専門学校スタッフが高校訪問の場で、自校にとって都合の悪い実態を高校側に伝えることも、基本的にはあまり見られません。社会問題として拡大してきたにもかかわらず、大学中退の実態が高校の現場にまだ十分認知されていない理由のひとつはここにあります。企業や大学の発信する情報だけに頼った進路指導は、生徒にとって重要な視点や情報を欠落させることにもつながりかねません。

　なおこうしたバイアスを排除する上で効果的と思われる、「高校教員同士での勉強会」は26.1％にとどまっています。生徒の進路指導に関する情報のコントロールにおいては、高校側ではなく、大学・専門学校側が主導権を握っている状況と言えそうです。

　こうした実態を踏まえた上で、「情報に偏りもある」という前提を、少なくとも教員の側は知っておくべきでしょう。**事業者が扱いを避ける中退などのミスマッチに関する情報だけは意識的に教員団から生徒へ示すことも必要**です。

　「生徒にとって厳しい情報や、大学にとって不都合な情報も伝えて欲しい」「お客様としてではなく学習者として生徒を扱うイベントにして欲しい」「出張模擬授業の内容を、できる限り大学での普段の授業に近づけて欲しい」「キャンパスツアーの中で、1コマでも通常授業を聴講させてもらえないか」……など、**民間事業者に対して高校から具体的な要望を添えるのも良い**と思います。

(3) 先生に知っておいて欲しいこと

　前述の通り、民間事業者は大学・専門学校からの広告料や媒体制作料、企画参加料などによってビジネスを成立させています。お金を支払う大学・専門学校側のねらいは、第一に「数」の確保、そして「質」の確保でしょう。

　そのため一般的に、国公立大学や難関私立大学など、学生募集にそれほど苦慮していない大学ほど高校の進路指導行事に非協力的であり、逆に定員割れを起こしているような大学・専門学校ほど熱心に高校へ協力してくれるという構図になります。

　多くの高校で、先生から「我が校で行う出張模擬授業には、国公立大学を必ず入れて欲しい」といった要望が出ます。しかし国公立大学は、無理をせずとも学生数が集まるわけですから、費用を支払ってまで民間事業者の企画に協力しようとはなかなか考えません。結果的に発生するのは、「私立大学や専門学校から集めた費用によって、国公立大学を呼ぶ仕事の必要経費がまかなわれる」という現象です。

　こうした不公平（？）は社会の中でしばしば見かけるものでもありますから、「何を今更」と思う方も多いでしょう。ただ、それにしても限度はあります。私立学校が支払っている費用は、元はといえばその学校に通う学生が支払った学費なのですから。

　学生一人を獲得するためにかかっている費用がどの程度なのか、高校の先生には知っておいて欲しいと思います。私は私立の大学や短大、専門学校関係者などからよくこの数字を聞き出すのですが、30万〜50万円という学校がしばしばあります。短期大学や専門学校で「80万円」という例もありました。仮に学生が2年間で一人250万円程度の学費を支払ったとして、その3分の1は、自分を入学させるために使われているわけです。この額が大きくなればなるほど、残額によって自分が受ける教育の質は下がります。

　「国公立大学を呼べ」「難関大学を集めて企画を調整しろ」。民間事業者に対して依頼されるのは良いのですが、その費用は国公立大学や難関大学ではない大学や専門学校へ進学した、貴校の卒業生が負担しています。進路に関する企画を民間事業者に依頼されるなら、「難関大学のキャンパスを見せたい」といった一部の生徒のためだけの企画や、表層的な行事ではなく、すべての生徒に深い気づきを与えるものであって欲しいと願う次第です。

コラム　理想通りにはいかない？　進路指導担当者の悩み

　NEWVERY『進路指導白書』では、全国の高校で進路指導主事をされている先生方に対して、様々な調査を行っています。その調査結果は、統計的に処理される定量データと、自由記述欄に寄せられたコメントなどの定性データによって構成されています。前者だけでは見えてこない現場の課題や葛藤などが、後者のコメントなどから浮かび上がってくることも多いようです。

表 2-3　進路指導の現場が抱える課題

	担当者が認識しやすいが 解決できていない課題	担当者が認識しづらく 隠れている課題
組織内に要因がある	①進路指導部の悩みの種 ・校内のガバナンスや教職員間連携の問題 ・指導スケジュールの問題 ・時間、コスト、労力の問題	③徒労感の原因 ・進路指導の評価に関する問題 ・大学、専門学校、民間業者への依存から生じる問題 ・卒業後の問題に関する情報不足、理解不足
組織外に要因がある	②高校が直面する問題 ・生徒の気質、進路観の変化 ・保護者の影響力拡大 ・大学入試を取り巻く情報の変化 ・大学、専門学校の学生募集活動に関する課題	④社会との乖離 ・進路情報の爆発的な増加 ・大学、専門学校中退者の増加 ・若者のキャリアを取り巻く社会環境の変化

　同白書が調査結果をもとに指摘している進路指導現場の課題は、大きく2種類に分類できます。「担当者が自覚・認識しやすいが、解決できていない課題」と、「担当者が認識しづらく、隠れている課題」です。また、それぞれについて、主に学校内、組織内のことに起因する課題と、大学・専門学校や社会の影響など、組織外の要因によって生じている課題という2種類に整理されています。この2軸を使い、現場の課題を表の通り①から④まで4種類に分類しています。本書が取り上げる「ミスマッチ」の原因も、これらに起因するところが多いように感じます。

　高校の先生は、様々なことに悩んでいます。私も実際に全国の先生へお目にかかり、お話をしていると、特に上記で言う②に対する不満を耳にすることが多いです。生徒の意欲がない、保護者が過干渉だ、大学入試の変更が多くて振り回されている……といった不満です。

　しかし同白書では、むしろ①の、校内での調整や意志決定に関する問題の方が、実はより根深い問題ではないかと指摘しています。

　たとえば進路指導主事の課題意識と、学年主任をはじめとする「学年担当」の教員

団とで、進路指導の方針や目指す成果が必ずしも統一されてはいないこと。校長などの経営者・管理者の方針がぶれ、学校としてのミッションがあいまいなままのために進路指導の方針が立てにくいことなどです。学校としての目標がないまま、校内ガイダンスや進路講演会、出張講義、オープンキャンパスへの誘導といった定番メニューをこなしているだけの状態に陥っているケースもあるようです。

　調査に対して寄せられたコメントとして、

- 教員間（担任間）の温度差
- ベテランの職員が多く、変えていこうとする意欲や変えなくてはという危機意識が非常に乏しいこと
- 教員間の温度差、昔の指導方法のままでいる教員の存在。最新の情報を取り入れない教員
- 教員の生徒へのアドバイスが一貫せず、無責任な言動をする教員が野放しになっていて進路指導としての役割が骨抜きにされてしまっている
- 情報提供について、教員のレベルの幅が大きく、進路指導の焦点を合わせにくい

……など、学年の各担任が旧態依然とした進路観に基づいて進路指導をしていたり、新しい情報を得ようとしていなかったり、そもそも進路指導に対してあまり積極的でなかったりすることへの不満や課題意識も、同調査では紹介されています。

　進路指導を担当される先生、各学年を担当される先生、そして担任の先生。それぞれ、ご自身が理想としているような指導はできていないのかもしれません。その原因を明らかにし、高校関係者や大学関係者の間で共有していくことによって、解決の方法もまた少しずつ見えてくるのではと思います。

第3章

高校1年生の進路指導

本章の内容
3.1　1年生の1年間を計画する
3.2　【1年次①】最初の進路ガイダンス・進路講演
3.3　【1年次②】進学と就職のリアルを伝える指導
3.4　【1年次③】大学とは何かを伝える指導
3.5　【1年次④】職業理解を深める指導
3.6　【1年次⑤】文理選択、科目選択の指導
3.7　【1年次⑥】オープンキャンパス活用指導（1年次）
3.8　【1年次⑦】保護者の進学理解を深める
3.9　1年次から進路指導に使えるワークシート
3.10　1年次から進路指導に使える外部リソース

3.1　1年生の1年間を計画する

一般的な、進路指導の流れ（高校1年生）

進路ガイダンス
・将来の職業選び
・高校3年間の過ごし方

・外部講師に依頼するケースも多い

> 大学受験や就職内定をゴールにすると、生徒にピンと来なかったり、彼らのキャリアイメージからズレてしまったりする可能性も…

職業別講演会
・様々な職業人の話を聞く

・卒業生のツテなどを使って実施する高校もある
・運営ハードルは高め

> 看護師や公務員など、専門職の話に生徒の関心が偏る傾向。その職業に就く手段ばかりに関心をもつ生徒もいる

文系、理系の説明
・入試制度との関係
・学部・学科との関係
・文理の選び方

・業者派遣の講師や進路情報誌などを活用する高校も多い

> 入試ありきの構成になる傾向。「数学が嫌で文系」といった選択を促す結果になりがち

オープンキャンパス
・模擬授業などを受講
・キャンパスの雰囲気を体験

・「最低2校」など、参加を義務づける学校も

> 総合大学や繁華街の大学ばかりに生徒が集中。学食の雰囲気など、表面的な印象だけをもち帰る例も…

三者面談
・本人、ご家庭の意向を聞き、成績状況を共有

・希望の進路に対し、成績状況が追いついているかなどを共有

> 成績だけで決める、本人よりも保護者の意向が強い、などの危ういケースもある

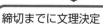

締切までに文理決定

★ミスマッチをなくす工夫を加えた、進路指導の流れ（高校1年生）

進路ガイダンス
- 15年後の社会を基準にする
- 大学／専門学校の違いを知る
- キャリアの作り方

→ ・「15年後の社会」など、少し先の社会を見据えた話を。「地図よりもコンパス」など、彼らの世代のキャリアイメージに合う話であることが重要
・大学の場合、必ずしも学部・学科と就職先は一致しないといった、学びと職業選択の実態も解説しておくと良い

↓

職業別講演会

→ ・職業の現状に加え、「そこで求められる姿勢やスキル」「身につく力」「15年後の活躍像」などにも言及してもらうと、キャリアに対する気づきが深まる

↓

文系、理系の説明
- 進学ミスマッチの理解
- 入試制度との関係

→ ・先輩が進学した大学の中退率や留年率などを提示またはリサーチさせ、「なぜ中退したのか」を考えさせる
・人文科学、社会科学、自然科学の説明を

→ **事前指導（必須！）**
・文・理両方の授業を受講する、対照的な2大学をリサーチするといった指導をする
・当日用のワークシートなども配付

↓

オープンキャンパス
- 模擬授業などを受講
- キャンパスの雰囲気を体験

→ **事後指導（可能なら）**
→ **大学で普段の授業を体験（可能なら）**

↓

三者面談
- 今後に向けて、本人に必要な進路検討のためのアクションを提示

→ ・成績の話だけでなく、「その進路で良いかどうか、検証するためには何をすれば良いか」というアドバイスもする
・1年で将来についての考えはどう深まり、どう変わったかなどを問いかけ、振り替えさせる工夫をする

↓

締切までに文理決定

(1) [従来型の進路指導では] 進学意識の向上、文理選択、科目選択

　一般的には生徒全員に文理選択をさせることが、1年次の進路指導の大きな目標とされています。物理か生物か、歴史か地理かといった科目選択を学年末までに済ませる高校も多いでしょう。これらは2年生以降のクラス分けや履修科目に関わってきます。

　文理選択と並行して、職業研究のためのガイダンスなどが企画されることもあります。

　進路指導部や学年教員団の間で、（生徒や保護者にそれを伝えるかはともかく）「大学進学に意識を向けさせる」という目標設定をされているケースもあるようです。具体的な施策として、1年生の夏から大学が主催するオープンキャンパスへの参加を義務づける高校も少なくありません。

(2) [生じがちな問題] 苦手科目を避けながら、意識の薄い状態で選択

　中高一貫校を除き、多くの高校生はまだ進学したばかりで、高校卒業後のことをそれほど意識してはいません。授業や部活、友達づくりなど、新しい学校での生活に慣れることだけでも精一杯です。

　しかし教員の側としては、できるだけ早くから大学進学を意識させ、そこに沿った学習を始めさせたいところでしょう。大学受験をするのなら基礎学力の積み上げが大事です。3年生になってから「大学か専門学校かで迷っている」と生徒が言い出す状態よりは、全員の意識をできるだけ大学進学の方向に向け、それをゴールに「ちゃんと勉強しないと志望大学に入れないぞ」とハッパをかけていく方が、3年間の授業も進路指導もやりやすい。これが多くの教員のホンネだと思います。ただ、学校側の思惑を優先させるあまり、強引な方法で生徒へ決断を迫っていくと、後にミスマッチが生じます。たとえば、あまりに短い時間で文理選択を迫っているようなケースです。『進路指導白書』によれば、早いところでは6月頃までに文理選択をさせる地域があります。まだ各教科の授業も導入部分でしょうし、これでは大学を見に行く機会もありません。

　時期に加え、学びの幅や深さも大事です。たとえば民間事業者が作成した進学情報誌を生徒に配付し、「これを元に決めなさい」と指導する高校も少なくないようです。しかし前述の通り、こうした進学情報誌自体が各大学からの広告掲載料を元に制作されており、スポンサーの意向をある程度反映したつくりになっています。大学の学びや、就職後の仕事に関する厳しい部分、辛い部分についてはあまり触れられていません。高校生をお客様として扱い、楽しく表面的なところばかりが強調された媒体も多々あります。これだけで進路を選ぶのは危険です。これは様々な大学や専門学校からゲスト講師を招いて行う出張模擬授業などにも言える問題点です。

　こうした媒体やイベントの利用を勧めないという意味ではありません。使うにしても、学校側で事前指導、事後指導を行った上での活用が望ましいと思います。

　数学が苦手だから文系、英語が嫌いだから理系など、苦手科目を避ける消去法の発想で

文理を決めてしまう高校生は少なくありません。1学期中間テストの成績など、限定的な経験だけで判断してしまうようなケースも多々あります。教員からは困った生徒に見えるかも知れませんが、そんな選択を誘発させる環境であるのも事実です。

また、「理系の女の子は一般的ではないと親が言うから文系にします」「就職するためには理系が良いと親が言うから、とりあえず理系にします」など、保護者の意見で進路を決める生徒も昨今では増えています。しかし自分の進路を自分で決めていないというのは、ミスマッチをなくす上で最も避けるべき状態です。高校教員の立場として、保護者の意向を批判するような指導は行いにくいかもしれませんが、放置していると、後々の進路選択で様々な問題が浮き上がってくる可能性があります。

(3)［ミスマッチ予防の工夫］単発のイベントにせず、年間を通じた学びの計画に

進路ガイダンスも、夏のオープンキャンパスも、文理選択をさせるためだけのイベントとして捉えれば、気づきは広がりません。面白い話だった、楽しい一日だったという表面的な感想で終わります。教員側は、この1年を通じて生徒に何を気づかせたいのでしょうか。各イベントが、期日までに文理選択をさせるためのアリバイづくりになってはいませんか。「15年後の社会に向けたキャリア意識をもってもらおう」などのテーマを教員側が設定するだけでも、指導の仕方は大きく変わるはずです。イベント前の事前指導や、終了後の振り返りの時間も効果的です。生徒のキャリアイメージの変化を確かめながら指導を進めていくことが大切です。

(4)［ミスマッチ予防の工夫］1年生は【学問・職業理解】を深める時間

前述した「3つの理解」で言えば、文理選択を控える1年生に最も大事なのは【学問・職業理解】です。大学は原則として学問をする場、専門学校は職業訓練の場という前提を伝えた上で、学校は各自が進路を探すための支援に努めてください。模擬授業を一回受けただけで、全員が進路を決められるわけがありません。イベントの後には関心や気づき、不安や疑問を書き出させ、教員がフィードバックできるような体制が理想です。

3.2 【1年次①】最初の進路ガイダンス・進路講演

(1)［従来型の進路指導では］将来のキャリアや、今後の過ごし方を考えさせる時間

多くの高校では1年次から何らかの形で、生徒向けの進路ガイダンスや進路講演を企画しています。高校入学後、将来の進路について考えさせる最初の場であり、高校3年間に考えるべきことや、やるべきことをイメージしてもらう機会です。程度の差はあれ、高校の進路指導の方針が反映されてもいるでしょう。

外部講師に講演を依頼することもあれば、進路指導部などの教員が担当することもあります。社会状況やキャリアの話は「進路講演」と題して外部講師が話し、学業のことや今後の指導スケジュールは「進路ガイダンス」として教員から伝える、という役割分担をされる高校もあります。

外部講師を招く場合、地元の大学教員や企業関係者が呼ばれるケースは多いようです。筆者のように進路学習やキャリア教育を専門とする者が講師を務めることもあります。進路情報を扱う民間事業者から講師を派遣してもらう高校も少なくありません。

依頼する講師によって得意とする内容は異なります。たとえば進学情報を扱う企業のスタッフが話をする場合、入試の仕組みや受験までのスケジュール、普段の勉強法などを話の柱にすることが多いようです。大学教員なら自身の研究テーマなどのアカデミックな話題、企業人なら地域産業の現状や就職活動についての所感などが聞けるはずです。

(2)［生じがちな問題］受験の合格や就職内定をゴールにすると……

一般論として高校教員には、学業と部活の両立など、生徒の日常の過ごし方をどう改善させるかに心を砕く方が多いようです。早くからコツコツ勉強し、着実に基礎学力を磨きなさいというメッセージを伝えたい。そんな意図でガイダンスを企画されることもあるでしょう。確かに大事な要素のひとつだと思います。

ただ、そこから「国公立大学や難関大学の方が、社会からの評価が高くて就職に有利だ。だからこれらの大学を目指すように」といったストーリーを広げ始めると、やや心配です。国公立大学や難関大学に入りさえすれば一生安泰、という話として生徒が受け止めると誤解が生じます。ミスマッチにつながりかねません。

(3)［生じがちな問題］生徒に必要なのは、現状ではなく未来の話

いま就職で人気の業種や職種が、10年後もそうであるとは限りません。国家資格を得たとしても、生涯の安泰は保証されません。早期から資格や就職に関心をもつのは良いのですが、現時点の就職状況を基準にした話は、場合によってはむしろ危険です。特に地元の企業人が講師を務める場合は、どうしても現在の自社の事業の説明や、採用活動などの話が柱になりがちです。生徒がその一企業の評価基準を、社会全体のニーズであるかのように捉えてしまうのは避けたいところです。

(4)［生じがちな問題］成功者の話を聞いてもピンと来ない？

高校教員が、生徒のロールモデルにと願って呼んだ方が、高校生のキャリアの実情を踏まえて講演できる方とは限りません。自分の輝かしい成功談を延々と話すような講演は、生徒が聞いてもピンときません。講演を通じてどのような気づきを与えたいか、あらかじめ高校側で思い描いておいても良いでしょう。その上で「生徒には、失敗をおそれない姿勢をあなたから学んで欲しい。失敗談をぜひ」「高校のときに抱いていた将来像と、現在

の仕事がどう違っているか。その変化はどのように起きたのか、といった話を」など、高校側から具体的な要望を事前に伝えておくことをお勧めします。逆に言えば、そうしたお願いができない相手はたとえ地元の名士であろうと、この場面でのキャスティングは避けた方が良いでしょう。

(5) ［ミスマッチ予防の工夫］進路指導＝キャリア教育という姿勢で

　キャリア教育の時間では将来について多面的に考えさせているのに、進路指導となると「○○学部は就職率が高いから狙い目」など、大人が正解を提示するスタンスになってしまうことは少なくありません。最初の進路ガイダンスは、この2つを束ねるようなものを目指してみましょう。

　大学受験を説明する前に、「そもそも大学とは何か」を語る。職業について話す前にまず「あなたはどのような社会を生きるのか」を語る。文理選択の説明の前に、社会のグローバル化や、人工知能による産業変化などについて話す。そんな時間をイメージしてみてください。

　現在の就職状況を説明する前に、「現在の小学1年生の65％は、現時点で存在しない職業に就く」「15～20年以内に、日本の仕事の半分近くが人工知能やロボットで代替可能になる」といった社会予測を紹介した方が、生徒は引きつけられるはずです。

　こうしたトピックは、キャリア教育の文脈ではよく引用されます。進路のガイダンスも同じスタンスで始めて良いと思います。

(6) ［ミスマッチ予防の工夫］お勧めのゴール設定は「進学後～15年後の自分」

　基礎学力の重要性を伝えたいという教員の気持ちはわかります。だからと言って、大学入試を進路指導のゴールにする必要はありません。現在の大学は少子化によって全入時代を迎えていますので、受験にフォーカスしすぎると、むしろ生徒が学習の意義や理由を誤解しかねません。

　今後の社会では、これまで以上に「学び続ける力」が必要になります。また前述の通り多くの大学では、学業についていけない多くの学生が留年や中退しています。こうした事実を伝えることでも、高校の学習が大事というメッセージは伝えられるはずです。

　最初の進路ガイダンス・進路講演では、少し未来、彼らが30歳を超えたあたりをイメージさせる内容をお勧めします。大学受験も終わり、就職活動も終わり、社会人として数年間のキャリアを積み上げた頃で、人生のコンパスを確立させているべき時期です。そこまでに身につけなければならない力や姿勢とは何か、と問いかけるような内容の方が生徒には響くはずです。

　┌こちらも活用できます─────
　│▶【外部リソース】未来年表（78ページ）

一般的な、進路ガイダンスの内容（例）

項目	内容	コメント
社会の現状や今後に関する解説	・現在の社会状況、今後の社会状況など	講師によって、言及する内容は様々。「今」の社会状況を基準にすると、高校生の将来とズレるかも…
仕事や就職活動に関する解説	・学歴による生涯賃金の違いや、昨今の就職の厳しさなど	高校側の指導方針で、やや厳しめの話を盛り込むことも。ただ1年生の段階では、詳細を語られても実感はしにくい？
勉強（基礎学力）の大切さを説く話	・受験までのスケジュールや、受験に成功または失敗した先輩のエピソードなど	先生としては強調したい内容だが、これだけで生徒の行動を変えることは難しい
部活動と勉強の両立法	・効率的なスケジュール管理のポイントや、必要な学習時間の確保についてなど	重要なトピックだが、「メリハリを付けて集中すれば大丈夫」という精神論で終わることもある
文系、理系の概要やその選び方	・文系、理系それぞれのカリキュラム、大学入試との関連、将来の職業との関連など	情報としては重要。だが具体的な助言がなく、「早めに自分で調べて決めなさい」という曖昧な指示で終わることもある
高校3年間の過ごし方	・大学受験までのスケジュールや、文理選択などの締切確認。意外と3年間は短い、と認識させる内容など	進路については「受験に向けた学力向上」という観点に話が偏りがち。進路の何をどう考えていけば良いか、という助言は少ない

第3章　高校1年生の進路指導

★「進路づくり」の観点を加えた、進路ガイダンスの例

| 高校生が抱いている従来の社会常識をリセットする話 | | ・人工知能（AI）による産業構造の変化や、社会全体のグローバル化などを踏まえ、今の高校生が15〜30年後に迎える社会状況をイメージさせる |

| 今後のキャリアに関する解説 | | ・年功序列・終身雇用システムの崩壊など、高校生が抱きがちなキャリアイメージの現状を検証させる事例
・結婚や出産といったライフイメージの変化にも言及。「進路選び」ではなく「進路づくり」であると伝える |

| 高校卒業後のリアルをデータで解説 | | ・先輩が進学した大学の中退率や留年率などを提示
・進学後に後悔している大学生も少なくないことや、なぜミスマッチが起きるのかを説明する |

| 大学や専門学校の役割や学びのイメージを解説 | | ・職業教育の場である専門学校と、学術研究機関である大学とでは、その後のキャリアへの接続の仕方が異なる。そうした違いを解説する |

| 文系、理系の概要やその選び方 | | ・将来就きたい職業から学部・学科を選ぶ高校生が少なくないが、大卒就職の実態はそれと異なる。「学びたい学問」を優先すべきであることなどを解説する
・苦手科目を避ける発想で文理を決めることのリスクに言及 |

| 高校3年間の過ごし方の話 | | ・「やってみたいこと」と、「本当にやりたいこと」は違う。様々な機会に飛び込み、自分の進路のコンパスを探っていくことの重要性を解説する |

3.3 【1年次②】進学と就職のリアルを伝える指導

(1)［従来型の進路指導では］両方の進路を提示しつつ、「進学」を推奨？

　高校の進路指導が、卒業後の進路として一般的に想定しているのは、大学（短大）進学、専門学校進学、就職の3種類です。実際にはこれらに加え、進学準備（浪人）や留学準備、アルバイトなどの一時的な職に就く者など様々。まだ珍しいケースではあるものの、最近では起業という頼もしい選択肢を選ぶ方も一部の高校で見られるようです。

　とは言え大別すれば、高校卒業後の進路は進学か就職の2択。いわゆる進学校では、ほぼすべての生徒が大学進学を希望するという前提で、前者に絞った進路指導を展開しているケースも多いでしょう。高校ごとに、生徒の希望や実情に合わせた指導をされていると思います。

　ただ、大学や専門学校へ進学するとしても、ほとんどの卒業生はその後いつか就職します。また医療や保育など、専門職を養成する学部や学校に進学する場合、進学先選びがそのまま職業選択に直結します。医療系など、理系でなければ就けない職業もあります。こうした事情を踏まえ、進学校かどうかに関わらず、仕事や就職への理解を深める機会を早期に設ける高校は少なくありません。

　「進学か就職か」を考えさせる指導ですが、進学校の場合、この問い自体が最初から設定されていないこともあります。就職は一部の生徒だけが選ぶ例外的な選択、と位置づける高校です。専門学校も、進学校ではしばしばこうした扱いをされます。学校経営の観点では合理的ですが、一方で一部の生徒が息苦しい思いを抱えていたり、大学進学後にすぐ中退して専門学校へ進学し直したりする卒業生を生んでいたりもします。

　一方、大学進学、専門学校進学、就職の選択肢が併存する高校では、進学か就職かを考えさせる指導が必要です。進学費用や生涯賃金といったお金の話や、将来にわたる進路の選択幅といったキャリアの話など、様々な側面での話が考えられます。

(2)［生じがちな問題］大学進学への誘導が、ミスマッチを助長することも

　実のところ、進学と就職を平等に扱う高校はそう多くありません。生徒の学力層や所在地などにもよりますが、できれば四年制大学への進学を勧めたい、という方針で進路指導を行う高校が多いはずです。

　先行きの不透明な社会だからこそ、ひとりでも多くの生徒へ高等教育を受けさせたい、大学という場で様々な可能性に触れて欲しい、生涯にわたって学歴で損をさせないようにしたい。そんな教員側の想いが背景にはあるはずです。加えて、四年制大学への進学者数が社会的な評価につながる、という学校経営上の意図も否定できませんが、ここでは置いておきましょう。

私は、大学進学のメリットを生徒へ伝える指導自体は正しいと思います。実際、生涯賃金など、大卒の優位性を示すデータは少なくありません。そうした事実を紹介することも大事と思います。

ただし本書で繰り返しているように、大学進学後にミスマッチを起こし、結果的に家計が破綻したり、本人が奨学金を返済できず破産したりといったケースも増加しています。その割合は、高校教員が思っているよりも遙かに大きいのです。前出のデータですが、仮に1学級から35人が大学に進学すれば、うち4～5人は進学後に中退し、別の4～5人が留年を経験。中退者は年々増加しています。大学や専門学校を中退した後に正規雇用へ就けるのは7％程度。「大学の方が得だから、とりあえず大学を目指せ」と強調するだけでは、ミスマッチは増えるばかりです。

(3) ［ミスマッチ予防の工夫］「その後の現状」についても伝えよう

大学であれ専門学校であれ、就職であれ、その後の成長は自分次第。いかなる名門大学であっても「中退ゼロ」という大学は存在しません。憧れる方の多い東京大学ですら、初年次に中退する学生がいます。そうした事実も伝えるべきです。

どの選択肢なら安全かという指導は不可能です。有名な組織が自分の人生をランクアップしてくれるはず、という期待を抱く方は社会人にも多いのですが、そんな組

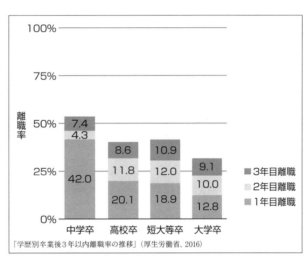

図3-1 学歴別卒業後3年以内離職率の推移

織はありません。大学進学を勧めるのは良いのですが、様々なデータを提示しながら、「あなたはこの大学の中退予備軍になるのか、それともエースになるのか」などと考えさせる機会も必要です。

(4) ［ミスマッチ予防の工夫］人によっては短期大学という選択肢も

かつては多くの女性の受け皿になっていた短期大学ですが、学生数は減少の一途をたどっています。四年制大学に衣替えした学校も少なくありません。しかし現在も、特に地方などでは、地元の高校や産業界から高く評価されている短期大学が少なからず存在しています。とりわけ保育士や看護師など、専門職養成機関としての期待を担っているケースが多いようです。

あまり広くは知られていませんが、短期大学には様々なメリットがあります。

> 短期大学のメリット（例）
>
> ・学費を抑えながら、専門職の資格を取得できる
> ・「卒業後すぐに就職するか、大学に編入してさらに学ぶか」という判断を、学びながら行える。進路に迷う高校生にとっては、将来についてさらに考える時間を得られる。
> ・2～3年の短期間に密度の濃いカリキュラムをこなすため、多忙だが急成長できる。
> ・アットホームな少人数教育の環境であることが多く、教員の目が学生一人ひとりに届きやすい。結果的に学生のケアが手厚くなり、中退などの傾向に対処しやすい。

　ここに挙げたのは一例に過ぎません。中途半端な進路という印象をもっている方もいるかも知れませんが、進学のメリットを享受しつつ、その後のキャリアについてさらなる選択肢を得られるという点で、人によっては短期大学も進路として魅力的な選択肢です。

　最近は四年制大学への編入に力を入れる短期大学も増えてきています。国公立大学へ編入する卒業生もおり、学費を抑えて四年制大学を卒業できるケースもあります。

> こちらも活用できます
> ▶【外部リソース】『大学の実力2019』（79ページ）

3.4 【1年次③】大学とは何かを伝える指導

(1)［従来型の進路指導では］実はあまり説明されていない？

　現在、高校卒業者の約半数が大学へ進学しています。大学は身近な進路になりました。しかし高校までの教育と大学で行われる教育・研究活動は、様々な点で違います。高校の延長として大学をイメージしていると、様々なミスマッチが生じる可能性があります。大学とはいかなるところなのか。何のために行くのか。こうした説明がどこかのタイミングで必要です。

　ところが「大学と高校の違い」をきちんと説明する高校は、意外にもそう多くないようです。大学主催のオープンキャンパスに参加させて済ませているケースもあります。大学のキャンパス見学ツアーを企画して、大学を理解させたとする高校もありますが、これでわかるのはキャンパスの広さや設備の充実度くらいです。「大学での学びが、高校までのそれとどう違うか」といった本質についての理解は深まっていません。

　卒業生を呼んで後輩に話をしてもらう高校もあります。授業や研究の話なら確かに良いのですが、受験勉強の仕方など「大学に合格するまで」の話に偏る傾向があります。

(2)［生じがちな問題］就職のため？教養のため？　ピンと来ない……

　大学を「より良い就職のために行く学校」だと認識している高校生は少なくありませ

ん。これは保護者からの影響や、高校での進路指導の影響もあると思います。

　大学進学にはそうした側面もありますので、間違いとは言えません。ただし一部の専門職養成系学部を除けば、大学は職業教育のための場ではありません。学んだ専門知識が就職後の仕事に直結するかと言えば、そうでない学部・学科のほうが圧倒的に多数派です。ここが専門学校と大きく違う部分です。職業教育を期待して大学へ進学すると、思っていたのと違う、と落胆するおそれもあります。

　対照的な説明として、「大学は、教養を身につけるための場所だ」という言い方もあります。これも間違いとは言えないのですが、多くの高校生にとってはやはりピンと来ないはずです。そもそも「教養」という言葉が何を意味するのかは、語る人や、語られる文脈によって異なります。一般的には文学や歴史、哲学などの人文科学系の学問をイメージする人が多いかも知れませんが、そうだとしたら数学や生物などの自然科学や、政治、経済、福祉といった学問は、教養にならないのでしょうか。

　高校で行っている勉強も、幅広い教養のための学びだと説明されることは多いです。では高校と大学の違いは何でしょうか。教養というのは非常に便利な言葉で、教育関係者には好まれますが、これひとつですべてを説明できると考えるのは危険です。

(3) ［生じがちな問題］キャンパスライフを楽しむために進学する？

　オープンキャンパスに参加する高校生に、「どんな企画が楽しみ？」「大学のどんな点が気になる？」などと尋ねてみると、「学食体験が楽しみ」「アルバイトとサークル活動について先輩の話を聞きたい」などと返ってくることは珍しくありません。彼らにとって大学は学ぶための場ではなく、楽しいキャンパスライフを送るために行く場所なのでしょう。これではミスマッチの候補生になってしまっています。

　残念なことですが、大学や専門学校の広報活動が、こうした表面的な理解や誤解を助長しています。オープンキャンパスや大学案内で、「楽しいキャンパスライフ」をアピールする傾向は年々強まっているように感じます。高校生へのＰＲを意識して学食やトイレをリニューアルしたり、新築の校舎だけに見学者を案内したりといった施策を打つ大学もあります。

　定員割れをおそれる大学や専門学校としては、やむを得ない方針なのかもしれません。高校生の消費者的な進路選択の実態に、大学が合わせる努力をしただけとも言えます。しかし、そのしわ寄せを受けるのは入学後の学生です。

　大学側に広報活動の見直しを求めたいところですが、合わせて高校の側でも、進学後の実態を生徒に伝え、大学広報を読み解くリテラシー教育を進めていくことが大事です。

(4) ［ミスマッチ予防の工夫］そもそも大学とは？研究とは？

　「大学とは何か」という質問に対する回答は、一種類ではないでしょう。同じ高校で働く教員団で議論をしても、回答は分かれるはずです。この問い自体を、生徒にディスカッションさせて考えてもらっても良いと思います。

> 「大学とは何か」という問いに対する、よくある回答例
>
> ・大学は学術研究機関。決まった知見や正解を教えるのではなく、研究活動を通じて新たな知見を生み出す場所
> ・研究活動を通じて、学問ごとの思考法や専門スキルを身につける場所
> ・学問ごとの専門性に加え、汎用的な基礎能力を磨ける場所
> ・先の見えない社会で生き抜くためのスキルを磨く場所
> ・様々な研究者や友人、高度な研究設備などを活用し、自分で自分の成長をつくりあげる場所。「入るだけでは成長できない」場所

　もっとも基本的な回答は、「学術研究機関」というものです。しかし研究というのがどのような営みなのか、イメージできる高校生はそう多くありません。小学校頃から夏休みに自由研究の課題を出されてきた生徒は多いと思いますが、その課題を行う際、研究の定義を説明してもらった方は少数派のはずです。「研究＝わからないことを調べてまとめること」という程度の認識でいるようなら、大学の意義は伝わらないでしょう。

　これが絶対の正解、というわけではないのですが、私がよく使うのは以下のような説明です。

> 「研究」とは……
>
> 　まだ結論が出ていないことに対して、誰もが納得するような視点を提案すること。

　「死刑制度は必要か？」「がんにかからない人間を生み出すために遺伝子を組み換えて良いか？」など、私たちの社会は結論を出しにくい問題であふれています。私たちは様々な文化や宗教の影響を受けながら、それぞれ違う価値観をもって生きていますから、全員が納得する解を得ることは難しい、または不可能です。

　また「宇宙はどこまで続く？」のように、もしかしたらひとつの真理があるのかも知れないけれど、その結論がまだ出ていない、もしくは今後も永久に出ない可能性がある問いも、私たちの周りには数多く存在します。

　こうした問いに対し、様々な事実を積み上げながら、「誰もが納得せざるを得ないような視点」を提示する営みが、研究です。

例(1)	例(2)	例(3)
死刑制度は必要か？	ガンにかからない人間を生み出すために遺伝子を組み替えるのはOK？	宇宙はどこまで続く？

図3-2　「研究」が扱う様々な問い

人の価値観は様々です。たとえば死刑制度についても、「殺人犯が死刑にならないのは不公平だ」「被害者の気持ちはどうなる」といった意見をもつ方もいれば、「誰かの気持ちひとつで刑の重さを量って良いのか」「殺人が許されないのと同様に、国家による死刑もまた乱暴な行為なのでは」といった考えをもつ方もいます。心情だけでみれば、どちらにも納得できる面はあるでしょう。犯罪被害者の関係者と、被害に遭っていない第三者とでは意見も分かれて当然です。こうした複雑な問題に対し、私たちの社会は何らかの結論を出さねばなりません。

　刑務所の維持費はどうか、過去に殺人犯が更生した確率はどの程度か、他の国々と比べてどうか……など、様々な角度で事実を積み上げ、議論を進めることは可能です。このように、様々な価値観をもつ私たちが、お互いに議論をし、納得解を導いていくための行為が、大学における研究です。

　社会状況の変化に伴い、過去に出した結論が変わることもあります。そうした面も含め、私たちの社会は、このような研究活動の積み重ねなしには成立しません。

　研究には様々な作法や方法論があり、それは過去の研究者の学術活動の蓄積として形作られています。教育やトレーニングを経て、誰でも研究活動の一端に触れる、または自ら研究を行うことは可能です。大学や研究所などで活躍する研究者は、このような研究活動を通じ、積み上げた知見を論文という形で社会に送り出しているわけです。

　ただ、こうした研究の教育やトレーニングは、研究者以外の職業に就いたとしても、大いに役立つはずです。前述の通り、私たちは価値観がバラバラの社会で共に働き、共に生きているからです。企業などでの仕事でも、あるいは地域住民同士の活動でも、同じ問題に対して皆が違う意見をもつのは当たり前です。だからこそ、丁寧に他者へ自分の意見を伝え、建設的な結論を導いていくアプローチを、研究活動を通じて身につけていることは大事なのです。

> **人々は様々。価値観も意見も違う。**
>
> 「殺人犯を死刑にしないのは納得いかない」
> 「被害者遺族の気持ちは」
> 「死刑にしないと事件が減らないのでは」
>
> 「殺人犯にも家族がある」
> 「誰かの心情で刑を決めて良いのか」
> 「死刑と殺人の違いは何なのだ」

> **→様々な視点・角度から論理的に主張をする必要がある**
>
> 「刑務所の維持費は年間○○億円」
> 「殺人犯のうち、更生した事例は○○％」
> 「そもそも歴史的に見て死刑とは……」
> 「死刑制度がある国は世界の○か国。犯罪の発生率を比較すると……」
> 「被害者遺族のケア方法を比較したところ○○のやり方では、問題が○○％軽減」

> まだ結論が出ていないことに対して
> 誰もが納得するような
> 視点を提案しようとすること
>
> どのような業種や職種で働こうと
> 「研究」の方法を身につけることは
> 必ずあなたの人生の役に立つ！

> 人類の歴史の中でつくられてきた
> 「モノの見方や考え方」の体系
> それが「学問」
>
> 学問ごとに、特徴がある
>
> それぞれの学問を4年間で
> 体系的に学べるように
> カリキュラム化したのが、学部・学科

図3-3　研究と「学問」についての説明

　研究のための方法論は、学問によって異なります。経済学的なものの捉え方もあれば、心理学的な発想法・分析法もあります。「耳の聞こえにくい人が困っている」という問題があったとして、「小さい音を大きな音に変換する装置をつくろう」と発想するのは、工学的な視点です。一方、福祉学を学んだ方は、「社会には多様なメンバーがいるのだから、その多様さを前提にしよう」という発想を大事にして、人々の振る舞いの方に注目をするかも知れません。社会にとってはどちらの視点も大事であり、必要です。

> **様々な学問がお互いに知恵を出し合うことで、社会が前に進む**
>
> 「刑務所の維持費は年間○○億円」
> 　　　　　　　　→経済学的な視点
> 「死刑制度がある国は世界の○か国。犯罪の発生率を比較すると……」
> 　　　　　　　　→社会学的な視点
> 「被害者遺族のケア方法を比較したところ○○のやり方では、問題が○○％軽減」
> 　　　　　　　　→心理学的な視点

> **【耳の聞こえにくい方が困っている！】**
> **工学の視点**
> 　小さい音を大きな音に変換する装置をつくろう
> **福祉学の視点**
> 　他の人が、そばに歩み寄ってサポートするような社会環境をつくろう
> **経営学の視点**
> 　この課題を解決する事業をつくって拡げたら、多くの人が助かるはず……
> 　そのための事業モデルは？　組織体制は？

図3-4　研究と「学問」についての説明

　先ほど例に挙げた死刑制度もそうですが、社会の問題は多くの場合、異なる複数の学問による視点を必要としています。どれが一番偉い、ということはありません。大学には

様々な学部・学科が存在しますが、その学問特有の思考法や、問題解決のためのアプローチをそれぞれ学ぶことができます。

高校生がどのような動機で学問を選ぼうと、それは自由です。歴史が好き、という理由で歴史学を学んでも良いですし、「社会格差の問題を分析したい」といった理由で経済学や社会学を選ぶのも良いと思います。

将来のキャリアに有利だ、という動機で経営学や医療系の学問を学ぶ人がいても良いのです。ただその場合も、**職業教育が目的である専門学校と違い、大学は「学問を通じて、その学問特有の作法を身につける場である」**という点が大事にされていることは、頭の片隅に入れておいた方が良いと思います。

3.5 【1年次④】職業理解を深める指導

(1) [従来型の進路指導では]

多くの高校では1年次の秋～冬頃までに生徒全員が文理選択を済ませるよう、進路指導の計画を組んでいます。その過程で、文理それぞれの進路がどのような職業につながっているかについて、理解を深める機会を設けている高校もあります。

この段階で高校生に職業をイメージさせる方法は主に2つです。書籍・冊子などのメディアもしくは講演を通じて、世の中の職業全体を俯瞰させるアプローチと、個々の職業に就いている社会人の事例に触れて職業観を深掘りさせるアプローチです。広く全体をイメージさせるアプローチが前者で、特定の職業人から深い気づきを得させるアプローチが後者です。実際の現場では、「職業ガイダンスの冊子を配付しつつ、実際に職業人の話も聞かせる」など、両方を組み合わせて指導に活用されている例も多いでしょう。

ただ、社会には様々な職業が存在しており、限られた時間の中でそのすべてを説明することは不可能です。どのようなアプローチをとるのであれ、限界はあります。

職業ごとに10～20人ほどの方を外部講師として学校へ招き、教室ごとにミニ講演会を設定して、生徒がゲストのうち2～3人を選んで自由に話を聞く……といったスタイルの「職業別講演会」を行う学校は少なくありません。バランス良く各分野の講師を揃えることは容易ではありませんが、卒業生などのツテを頼って自校で企画するケースもあれば、民間事業者にコーディネートを依頼する例もあります。また、その職業に就いて実際に働いている方が講師を務める例もあれば、その職業の分野で人材育成を担う専門学校、および大学の教職員が講師を務める例もあり、実態は様々です。

(2) [生じがちな問題] 職業のある一部分しか伝えられないことも

現役の職業人が講師を務める場合、ゲストがその職業の全容をバランス良く高校生へ話

せるかどうかは保証されません。高校生側は、「その職業の、いまの一日」といった具体的な話を聞きたがりますし、話し手側もそのような内容を講演の中心に据えることはよくあります。

ただ、たとえば県庁や市役所などに勤める公務員の場合、所属する部署が変わる度に、日々の仕事の内容は大きく変わります。「いまの一日」が、「去年の一日」や「10年後の一日」とはまるで別物であることも少なくないのです。

民間企業で働く方も、営業なのか企画職なのかで業務は大きく異なります。営業でも、何を誰に営業しているかで仕事の実態は千差万別です。こうした担当部署の配置も、本人ではなく組織の人事計画に従って行われていたりします。

医師や保育士、建築士、作業療法士といった専門職であればある程度、仕事のスタイルにも型があるのでしょうが、おそらく生徒の大半が就くであろう総合職について言えば、具体的な「いまの一日」ばかりが生徒の印象に残るような講演は避けたいところです。

生徒の関心が、「その職業にどうやったら就けるか」という入口部分にばかり集中してしまう傾向も見られます。たとえば、医師という仕事には様々なやりがいや苦労があり、職業への向き・不向きといったリアルな側面もあるわけです。本来はそうした話を聞かせるための講演会なのに、「医師になるためには、どのような勉強を、どのくらいしておけば良いでしょうか」といった質問ばかりが生徒から出てしまったりします。こうした質問も大事ではあるのですが、企画の中心になってしまうのは、もったいないところです。

高校生がイメージできる職業ばかりに偏る傾向も少々問題です。具体的には資格が必要な専門職への偏りと、B to C 的な仕事への偏りです。

現実的に考えれば、おそらく生徒の大半は企業や公的機関で総合職に就きます。この括りだけでも極めて多様な方々がいるわけですが、職業別講演会に並ぶのは保育士や薬剤師といった専門職ばかりで、「民間企業（営業職）」といった方が1名だけ……そんな企画になりがちです。

また一般論として、世の中の事業は「B to B (Business to Business)」と「B to C (Business to Consumer)」に大別されます。前者は「別の組織を顧客とする仕事」のことで、後者は「一般生活者を顧客とする仕事」のことです。たとえばトヨタ自動車は、一般生活者に自社ブランドの車を販売する「B to C」の事業を中心とした企業として知られていますが、こうしたメーカーにブレーキやエアバッグなどを納入している部品メーカーは、トヨタを顧客とするB to B企業です。電通などの広告代理店や、企業の社員採用活動を支援する企業、経営コンサルティング会社なども典型的なB to B企業だと言えます。もちろん実際の企業活動を見れば、B to Cのサービスで知られる企業が、実際にはB to Bの事業でも大きな利益を得ているなど、両者が複雑に混在しているケースだって少なくありません。

ただ、高校生が知る企業の大半は、テレビCMなどを行っているB to C企業です。生徒もまた一般生活者であり、企業で働いた経験に乏しいわけですから、こうなることは仕

方がありません（同じ傾向は、実は大学3〜4年生などでも見られます）。ただ、だからこそこうした職業別講演会など、キャリア教育の場で「B to B」という仕事のあり方について、意識的に理解を深めるような指導がされても良いのではと思います。

(3)［ミスマッチ予防の工夫］キャリアのリアルを事前に伝える

いまの高校生は、保護者世代とはかなり異なるキャリア観の中で働くことになります。一生安泰な職場や職種を探すのは不可能ですし、転職を通じたキャリアチェンジも現在以上に一般的となるでしょう。**このような前提を、できるだけ早期に生徒全員へ伝えておくべきです**。そのような前提を理解しないまま、個別の職業の話を聞かせても、彼らが迎える社会の現状とズレていく一方です。

また、様々な職業人を招いた講演会の場合、事前にどのゲストの話を聞きたいか、生徒へアンケート調査を行う学校が多いようです。その際、何も工夫をしなければ、おそらく特定の専門職に生徒の希望が偏ることになります。

実際のエピソードをご紹介します。ある地域で学力トップを誇る公立高校が、様々な業種・職種で活躍する卒業生を招いて職業別講演会を企画しました。医師や看護師、薬剤師、弁護士、学校教員、保育士といった各分野の専門職もいれば、中央省庁や地元県庁で働く公務員、民間企業で営業職に就いているビジネスパーソンなど、実に多彩な顔ぶれが揃いました。

事前に生徒へ参加希望の職業を調査したところ、1位が薬剤師、2位が学校教員だったそうです。悪いというわけではないが、意外な結果だと感じた教員が「なぜ薬剤師を選んだのか」と生徒へ問うたところ、「医師はなるのが大変そうだし、なってからも苦労しそう。薬剤師ならなれそうだし、地元でそこそこ安定した暮らしができそうだから」といった動機で選んだ生徒ばかりだったのです。いくら学力が高くても、このような進路意識のまま生徒を送り出して良いのか……と教員は危機感を抱きました。薬剤師に対する理解も表面的で、誤解に満ちています。1位の薬剤師がこれでは、2位の学校教員に対する志望動機も似たようなものなのでしょう。

生徒のこうした進路意識の背景として、保護者などの大人や、彼らを取り巻く様々なメディアでの言説が影響を与えている可能性は否定できません。だからこそ、**職業を選ばせる前に、全体に対して何らかの事前指導を行っておいた方が良いでしょう**。

(4)［ミスマッチ予防の工夫］「その職業を通じて身につくこと」が大事

現在の高校生が、新卒採用から定年退職まで、生涯同じひとつの組織で働き続ける可能性は高くありません。高卒からの就職であれ、専門学校や大学を卒業した後の就職であれ、その点は同じです。こうした社会状況でキャリアを主体的に築いていこうとすれば、その仕事を通じてどのような武器が身につくか、という観点が従来以上に重要になってきます。

職業人を招いて話してもらうなら、進路指導部から事前に「仕事を通じて得られる成長や強みについて触れて欲しい」「仕事の大変な部分や、向き・不向きなどのリアルな話もぜひお願いします」といった要望を伝えておくと良いでしょう。

3.6 【1年次⑤】文理選択、科目選択の指導

(1) ［従来型の進路指導では］限られた時間の中、消去法で選ぶ生徒も……

多くの高校において、1年次の最重要ミッションは文理選択でしょう。2年次から生徒のカリキュラムを文系、理系に分け、生徒の希望に合わせてクラス編成している高校が大半です。

全員が期限までに文理を決めねばならないのですから、教員も生徒も大変です。早い学校では6月頃に文理の希望を提出させています。進学後、たった2か月程度で大きな決断を迫られるわけです。この文理選択のために、各校は進路ガイダンスや職業別講演会などを早期から企画しているのですが、やはりこの決定スケジュールには無理もあります。

数学や理科が好きだから理系、歴史が大好きだから文系と、好きな科目を基準に選ぶ生徒もいれば、「数学が得意で、理系型の入試の方が点数をとれそう」といった得意科目で選ぶ生徒もいます。将来は看護師になりたいから理系、など希望する職業に就くための進路を逆算し、文理を決める生徒もいます。選び方に決まりはありません。

ただし、「数学が苦手だから文系」「英語が苦手だから、理系入試の方がまだ点数を取れそう」など、苦手科目を基準にした消去法はお勧めできません。「医療系志望だけど、どうせ専門学校に行く予定だし、高度な数学のある理系クラスは避けたい」など、入試ハードルを避けるための選択も危険です。ミスマッチにつながるからです。

(2) ［生じがちな問題］苦手科目を避けるための選択は危険

残念なことに、「数学を避けて文系」というパターンの高校生は少なくありません。そもそも日本の高校が文系、理系でクラスを分けるのは、大学入試に向けて必要な受験科目に授業を絞っていくという、一種の合理化です。難関大学へ進学せよと高校が強調すれば、生徒が苦手科目を避けようとするのは自然な流れです。

多くの場合、検討の時間は半年もありません。職業理解はおろか、大学の学問内容を十分に検証する時間もないでしょう。こうした事情を考えると、苦手科目くらいしか文理を決める要因がないという、生徒側の難しさもわかる気がします。

ただ、実際の社会は、文系・理系という分かれ方はしていません。人工知能（AI）が様々な形で私たちの社会を変えていく今後、あらゆる産業分野、あらゆる職種で数学的な思考法が求められてきます。高校1年生の時点で「数学が苦手だから文系」という選択を

し、仮に高校2〜3年生の間、数学の授業時間を限界まで減らせたとしても、その後どこかのタイミングで、数学を避けてきたことのしわ寄せを受けることになります。

英語も同様です。今すでに、技術者や医療職など、あらゆる専門職の世界で英語力が求められています。現在の日本で海外勤務をしたり、英語を使って外国人と協働したりしている職種の代表例はおそらく、工学部を出た技術者です。東京にある芝浦工業大学は、2023年までにすべての学部生及び大学院生に海外留学を経験させる構想を打ち出していますが、これは産業界の実情に合わせたものです。

現在の高校生が社会の中核を担うことになる2050年頃には、国内のあらゆる就労現場で、外国人の顧客にサービスを提供したり、外国人のスタッフと一緒に働いたりといった環境が当たり前になっているはずです。病院で働く看護師の中にも一定数は英語堪能な方が必要でしょうし、外国人家庭の子どもを預かる保育園には、その対応ができる保育士がいなければなりません。そうしなければ日本の様々な産業や、社会インフラが維持できないからです。

こうした状況にもかかわらず、高校生が「理系だから英語は苦手でも大丈夫だろう」「留学するつもりもないし、地元から出る予定がないから、英語力は必要ない」といった考えをもっているようなら、非常に心配です。

図3-5は、25〜34歳の社会人を対象に、企業が行ったアンケート調査の結果です。大学受験や新卒採用試験をとっくに通過し、社会人として働いている方々が、「英語や数学を勉強しておけば良かった」と後悔している。これが社会のリアルです。

```
25〜34歳の社会人に聞いた、
「学生時代、もっと勉強しておけばよかったと思う科目」

1位  外国語（英語）    64.35%
2位  数学              24.75%
3位  国語              16.3%
4位  社会              14.85%
5位  理科              8.4%
```
※マイナビウーマン調べ（2016年6月にWebアンケート。有効回答数202件。25〜34歳の社会人男性）
https://news.ameba.jp/entry/20160716-332

図3-5 「学生時代、もっと勉強しておけばよかったと思う科目」

(3)［生じがちな問題］大学で学ぶ学問も、実は文系、理系の2種類ではない

大学での学問は、実際には文系、理系の2種類に分かれてはいません。「人文科学（または人文学）」「社会科学」「自然科学」という3分類の方が一般的です（工学や医療、芸術などをさらに別系統として表現することもあります）。

多種多様な学問の世界を誰もが納得する形で分類することは難しいのですが、私が高校生向けにしばしば使っている図を例として紹介します。

たとえば工学は、数学や物理学、化学などの学問分野を基盤にしている点では自然科学の側面を色濃くもっていますが、一方で、私たちの社会をどのように設計し、運用するかという社会科学の一面も持ち合わせています（建築学など、人文科学の一面をもつ領域もあります）。

心理学は人文科学のひとつとして扱われることが多いのですが、脳や五感など人体構造に関する知見や、色彩学、統計学など、様々な自然科学を基盤にしてもいます。また実際に心理学を応用する場面は医療や教育、犯罪抑制、経済予測、商品開発やマーケティングなど実に多様であり、社会科学的な分野で心理学のアプローチが活用されている例も少なくありません。

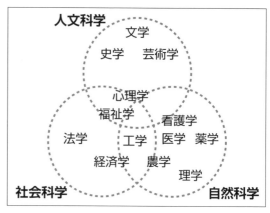

図3-6　人文科学、社会科学、自然科学の分類例

　このように実際の学問は、人文科学、社会科学、自然科学、それぞれの領域にまたがって展開されていることが少なくありません。文系、理系という2種類にばっさり分けられるものではないのです。

　少なからぬ高校生が、ここでも誤解をしています。日本の大学では、経済学部は文系型の入試（英語、国語、社会科）で受験できるケースが大半です。しかし実際の経済学には、数学的な素養が少なからず求められます。「経済学部って、数学を使うんですか！？」と、進学後に困惑する大学生が後を絶ちません。これなどは典型的な【学問・職業理解】の不足によるミスマッチです。

　各分野の専門家の方々にお叱りを受けるかも知れませんが、図3-7及び図3-8は高校生向けに、私見をもとにして作成した分類図です。

　たとえば理科（物理、化学、生物、地学）の知識は、自然科学系の学問を学ぶなら必須と言って良いでしょう。ただ、社会科学や人文科学の領域では、それほど頻繁に求められる知識ではありません。

　もちろん、だからと言ってこれらの分野に進学する高校生に、理科教育が不要と申し上げているわけではありません。あくまでも「人文科学の研究が、高校での理科をどの程度、前提にしているか」という点だけに限定した表現です。また実際にはレーダーやGPS、画像解析、放射性炭素年代測定などの自然科学的な技術が考古学に応用されるなどの例も多々ありますから、あくまでも全体像をイメージする例としてご覧ください。

　高校までの古典の知識はどうでしょうか。こちらは人文科学の各学問を学ぶ上では極めて重要ですが、自然科学系の分野においては、必ずしも必須の前提知識というわけではありません。

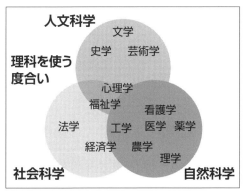 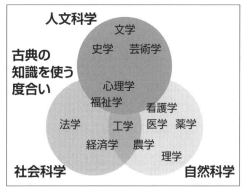

図3-7　各学問分野で、高校の教科知識が前提となる度合い

　さて数学はどうかと言えば、高校生の想像以上に広い分野で使われているのが実態です。特に文系と思われがちな社会科学の領域で、数学は頻繁に登場します。前述した経済学はその代表例です。法学部では政治学や行政学も教えられることが多く、そこで学ぶ学生の中にも行政関係などの公務員を目指す方が少なくありません。中央省庁であれ地方自治体であれ、行政の現場で重要になるのは統計学のスキルです。法学部で統計学の授業に力を入れていることを知り、慌てる大学生も多いようです。

　英語はどうでしょうか。**図 3-8** を見ていただければわかりますが、今後の社会情勢を考えれば、英語を必要としない学問分野はありません。いかなる分野を選ぼうと、英語力は求められます。逆に言えば英語力の有無は、文理を決める要因にはならないということです。

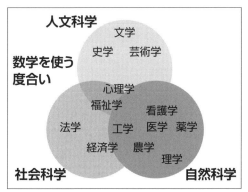 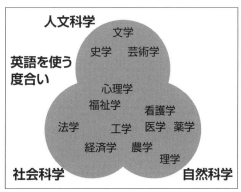

図3-8　各学問分野で、高校の教科知識が前提となる度合い

　高校生の中には、不要な科目はできるだけ早めに「切りたい」、という発想をもつ人が少なくないようです。無駄なく効率的に、最も少ない労力で、最もお得な正解にたどり着きたい。そんな傾向を最近の若者の特徴として分析する方もおられます。世代的な特徴かどうかはわかりませんが、「私には必要がないから、これは要りません」といった、ある

種の見極めの速さは私も感じることがあります。本来なら高校時代は、様々な教科に広く触れて視野を広げる時期でもありますから、高校生のそんな一面には、拙速さを感じることもあります。

ましてやここで述べたとおり、実際には高校卒業後も必要になる知識を、「入試に不要＝私には不要」という構図でばっさり避けてしまうことは心配です。大学進学後、あるいは社会に出てから、その知識が再び必要になるということを伝えておかなければ、ミスマッチなどの深刻な事態に直面することになるのではないでしょうか。

（4）［生じがちな問題］文系と理系に、どちらが得という優劣はない

「理系の方が就職で有利だ」「いや、文系の方が出世できる」などなど、理系と文系どちらが得かという議論は、社会人向けのビジネス雑誌などでもしばしば行われています。受験情報を扱う企業も毎年のように、「今年の入試は理高文低で、理系人気が高まりました。文系の学部は志願倍率が減りましたので、狙い目です」といった分析を行い、メディアがそれを発信しています。

受験指導を行う方にとっては、こうした情報は大事なのだと思います。ただ、将来の進路を検討する材料としては、あまり気にしすぎない方が良いというのが私の考えです。

というのも理系人気、文系人気は、見たところ3～5年おき程度で常に入れ替わっているからです。ある時期には「不況で就職が厳しい状況を受けてか、理系学部が人気です」と報道される。ところが、その時点の高校生がいざ就職活動を行うときには、「景気の回復が見られ、文系の就職が好調です」……これでは参考になりません。

まして、いまの高校生は大学を卒業した後も、様々な形で学びを続けなければならない世代です。短期的な有利・不利が、その後の将来にわたって続くとも思えません。

就職のしやすさや、生涯賃金などで文系、理系どちらが得かと考えるアプローチは、あまり参考にならないと私は思います。

なお、「文系→理系の進路変更は難しいが、理系→文系の変更は可能。迷っているならとりあえず理系を勧める」という進路指導もしばしば耳にします。現実的な対処法として、このようなアドバイスが必要な場面があるのかもしれません。

ただ率直に言って、やはり最善の策ではありません。「文系にも学びたい学問があるし、理系にも学びたいものがある」という迷い方をしている方にとっては、進路選択の幅を広げつつ、もう1年かけてより学びたい方を探すことができるわけですので、有効な選択肢だと思います。しかし、「文系にも理系にも学びたいことが特にないので、どちらでも良い」というレベルの方に、とりあえず理系へというアドバイスをしても、単なる問題の先送りになってしまう可能性はあります。「理系に比べて文系は楽」といった誤解を与えてしまうこともあるでしょう。

（5）［ミスマッチ予防の工夫］できれば双方の学問分野に触れさせよう

　本来であれば文理選択の期限までに、実際の大学で教えられている文系の学問と理系の学問の双方を体験し、比較する機会を設けることが理想です。実際、地元の大学と連携し、1年次の前半でそのような機会を全生徒に提供している高校もありますから、不可能ではありません。

　高校にゲスト講師を招いて行う出張模擬授業などを企画する高校もありますが、こうした場合も、「文系の学問から1つ、理系の学問から1つを選んで受講せよ」という指導を加えるだけで気づきが深まります。オープンキャンパスへの参加を夏休みの課題とする高校は多いのですが、その際にも、人文科学、社会科学、自然科学から最低1つずつは模擬授業を受けなさいという指定を入れるだけで、生徒の視野は広がります（3.7　オープンキャンパス活用指導の項でも後述します）。

　模擬授業でも良いのですが、さらに先進的な高校では、祝祭日などを利用して生徒を大学キャンパスへ派遣し、実際の普段の授業を聴講させる取組などを、文理選択に先駆けて行っています。「WEEKDAY CAMPUS VISIT」などと呼ばれる取組で、少しずつ全国の大学の間でも広がっています（4.8の項で詳しく紹介します）。

（6）［ミスマッチ予防の工夫］高校での科目の得意・不得意を気にしすぎずに

　不得意科目を避ける消去法的な発想での文理選択はNGですが、得意科目をさらに学べる方を選ぶ、という選択は悪くありません。得意であるということは、その科目が求める思考のアプローチに適性がある、または単純に好きである可能性が高いからです。少なくとも、本人が「これを学びたい！」と主体的、積極的に考えているのなら、否定する必要はありません。人生のコンパスを模索していく上での大事なヒントが、そこに隠れているかもしれません。

　ただこの得意・不得意という判断も、1年生の前半だけでは、正直言ってやや早急だと思います。たとえば1年次に数学の授業を担当していた教員とたまたま相性が悪かった、なんてこともあるでしょう。2年次になってから国語や歴史の面白さに目覚めたが、すでに理系を選んでしまったため文系への転向が難しい、という例も山ほどあるはずです。

　できる限り文理選択の期限は遅い方が良いと私は思います。後述しますが、夏休みには大学が主催するオープンキャンパスのほか、学問に触れる様々な機会もあります。せめてそういった体験をし、秋頃まで教員からアドバイスを受けた後まで、文理それぞれの検証を行う時間を確保した方が望ましいとは思います。

（7）［ミスマッチ予防の工夫］学際系など、文理を限定しない学部も

　前項で挙げた経済学や法学などは、歴史の長い伝統的な学問分野ですが、これらに加えて最近では、文理融合系、学際系などと言われる分野も増えています。「総合政策学部」

「社会情報学部」「地域創生学部」など、その名称は多岐にわたります。こうした学部・学科の中には、高校で文系、理系のどちらを選んでも入試で不利にならないよう、柔軟な受験科目設定を行っているところが少なくありません。

　また文系、理系というくくりにとらわれず、大学進学後に様々な学問分野に触れながら、少しずつ専門分野を決めていけるような仕組みをもっている大学や学部も存在します。こうした教育を一般には「リベラルアーツ」などと呼びます。また2年生のページで後述しますが、文理選択に迷う生徒には、このような進路もあることを伝えながら、あまり焦り過ぎず、少しでも興味のある方をまずは選んでみる……といった指導を行っても良いと思います。

> こちらも活用できます
> ▶【ワークシート】模擬授業　比較シート（70ページ）
> ▶【ワークシート】文系、理系選択のための確認シート（75ページ）
> ▶【外部リソース】「ひらめき☆ときめきサイエンス」（79ページ）

3.7 【1年次⑥】オープンキャンパス活用指導（1年次）

(1) [従来型の進路指導では] 現在の進路指導に不可欠な存在に

　高校生が大学を知る上で、重要な機会となっているのがオープンキャンパスです。現在では大学進学者の94.2%が高校生のうちに、オープンキャンパスなど大学主催のイベントへ参加します。高校1年生時点での参加率も半数近くに上ります[xiii]。生徒へオープンキャンパスへの参加を義務づける、または積極参加を促す高校も93.7%[xiv]と多く、高校も進路検討の大事な場だと捉えています。

　オープンキャンパスでは、どんなことが行われるのか。その内容は大学によって様々ですが、一般的には以下のようなコンテンツが用意されています。

> オープンキャンパスの内容（例）
>
> ・大学の特色や、入試制度についての説明会
> ・各学部・学科による模擬授業
> ・キャンパス見学ツアー
> ・在学生や教職員への質問・相談コーナー

　これらに加えて、大学で行っている授業スタイルを体験したり、外部の講師を招いて入試に向けた対策講座などを行ったりと、各校とも様々な工夫を凝らしています。進路検討のためにこれらを利用しない手はありません。

また最近は保護者と参加する高校生も増えていますし、多くの大学では保護者向けの相談コーナーなどを設けています。実際、保護者が同伴するケースは珍しくないようです。
　夏休みの課題としてオープンキャンパスの参加を求める高校の場合、具体的に「最低２校」といった大学数を提示したり、現地での気づきを記入するワークシートなどを用意したりする高校もあります。本当に参加したかを高校側で確認するため、大学関係者の署名をもらってくるよう、生徒に指示をする例もあります。

（２）[生じがちな問題] 何を調べに行くのか、目的設定は？

　進路学習のために、オープンキャンパスをどう活用するか。その目的は、学年によって変えて良いと思います。多くの１年生にとっては、初めて大学に触れる機会でもあるはず。まずは大学とはどんなところか、イメージを膨らませてみるのも良いでしょう。
　ただし、ただ行けば良いというものでもありません。学食の無料体験やサークル活動、アルバイトなど、「楽しいキャンパスライフ」の部分だけを見て帰ってくるような高校生も少なくありませんが、これでは気づくべき大事なことに気づけないままです。
　たとえば１年生にとって重要なのは、前述した文理選択です。オープンキャンパスでは、各学部・学科の教員による模擬授業が行われていますから、「文系と理系、それぞれから２つずつは必ず模擬授業を受けなさい」といった指導を事前に行っているだけで、生徒の行動は変わります。
　「私は〇〇学部にしか関心がないから、そこの模擬授業だけを聞く」などと、進路を早々に絞ってしまう高校生は多いです。しかし実際には、たまたま違う学部の話を聞いたことで、そこから進路を再考する例も珍しくありません。進路について高校生が得ている情報は、そう多くはありません。なかには「ネットの性格診断テストが楽しいから、心理学部が良さそう」など、限られた経験や印象・思い込みで志望学部を決めているような例もあります。そのような意識をもったままオープンキャンパスに参加しても、心理学部の模擬授業しか受けずに帰ってきてしまう。本当は、違う学部の話を聞いてから考えても良かったのに、です。ですから事前指導が重要なのです。
　また、「どの大学を見に行くか」という点でも、改善できるポイントは多いはずです。高校生を見ていると、どうも「名前を聞いたことがある大規模な総合大学」「繁華街に近い大学」「お洒落なイメージの大学」「キャンパスがキレイな大学」といった大学のイベントに足を運びたがる傾向があるようです。これでは観光客の視点と変わりません。
　夏休みに２校の大学を見てきなさい、という課題を出せば、ほとんどの生徒が「国立１校＋繁華街にある有名大学１校」という組み合わせになったりします。しかし本当は、マンモス大学のような環境にはなじめず、小規模でアットホームな環境をもつ大学の方が合っている高校生だって少なくありません。
　また繁華街に近い大学には、高層ビル型のキャンパスや、１～２年と３～４年でキャンパスが分かれている大学などが少なくありません。そのメリットもありますが、デメリッ

トもあります。郊外の広いキャンパスに、全学年・全学部の学生が集まっている大学の良さだってあります。こうした比較軸を意識させないまま大学を選ばせても、気づきの幅は広がりません。

(3) [ミスマッチ予防の工夫] 事前指導とワークシートが大事

　1年生のうちは、進路を早めに絞り込むよりも、「視野を広げる」方向でオープンキャンパスを活用されることをお勧めします。できるだけ様々な種類の大学や、学部・学科を回ってみるよう、指導されるのが効果的です。

　その際に重要なのが、**対照的な学校を意識して比較する**、ということです。

対照的な学校を、意識的に選んで比較する

・文系学部の模擬授業　／　理系学部の模擬授業
・教養系学部の模擬授業　／　専門職養成系学部の模擬授業

・大規模大学　／　小規模大学
・総合大学　／　単科大学
・都心部の大学　／　郊外の大学
・男女共学　／　女子大学
・憧れの難関大学　／　身近に感じる大学

　上記のような比較軸を、事前に教員側から示しても良いと思います。2校のオープンキャンパスに行くのなら、「郊外にある総合大学」と「都心部の専門職養成系大学」のように設定しても良いでしょう（こうした学校比較については、2年次以降の【学校理解】のページでより詳細に解説します）。

　なお多くの場合、高校には「生徒に目指させたい難関大学」という存在が、それぞれ存在していると思います。地元の国公立大学であったり、世間的に知名度の高い有名私立大学であったり、その顔ぶれは学校によっても異なるでしょう。簡潔に言えば、その高校の生徒にとっては受験自体が大きなチャレンジになるような、少し上のレベルの大学です。生徒にとっても、入学できたら良いなと思わせるような憧れの大学であることが多いと思います。

　こうした憧れの大学をできるだけ早くから意識させたい、実際にその学びに触れさせたいと高校側が考えるのは自然なことです。憧れの存在というのは、そのハードルが高ければ高いほど、日々の学習の目標にもなります。「あの大学に入るためには、もっと頑張って勉強しなければ」という学習動機にもなるでしょう。こうした指導も大事だと思います。

　ただ、高校3年生頃になって、いざ具体的な併願校を検討しようというときに、「憧れレベルの大学しかチェックしてこなかった」という生徒がいたなら、それは大いに危険です。第二志望群、第三志望群の大学にも、それぞれ学校ごとの違いがあります。そしてリアル

に言えば、チャレンジである第一志望群の大学には当然ながら落ちる可能性もあります。

「実際に卒業生が多く進学している大学」よりも、「特に優秀な生徒がなんとか合格している、少し上のレベルの大学」ばかりに注目する傾向が、高校生にも、高校教員にも見受けられますが、これはミスマッチの原因のひとつです。

高校1年生のうちは、憧れの大学ばかりを見ていても良いのかもしれません。ただ、**少なくとも3年生の春頃までには、第三志望群レベルの大学まで、併願先すべてを丁寧に比較し終えているような状況にもっていくことが大事です**。こうした前提を踏まえて、オープンキャンパスの活用法を指導してみてください。

> こちらも活用できます
> ▶【ワークシート】オープンキャンパス事前準備シート（71ページ）
> ▶【ワークシート】オープンキャンパス当日の記録シート（72ページ）
> ▶【ワークシート】オープンキャンパス結果まとめシート（73ページ）
> ▶【グループワーク用シート】オープンキャンパスを振り返るワーク（74ページ）

3.8 【1年次⑦】保護者の進学理解を深める

(1) ［従来型の進路指導では］保護者の理解を得ることは極めて重要

高校の進路指導において、重要なステークホルダーとなるのが生徒の保護者です。未成年である高校生の監督役として、保護者は本人の進路選択を見守り、（多くの場合）学費などの教育費を負担する立場。保護者が生徒の進路選択に大きな影響を与える存在であることは、各種の調査でも示されています。高校が行う進路指導の方針に対して、保護者の理解が得られている状態が理想的です。

そのような共通理解をつくる取組のひとつが、保護者向けの進路講演やガイダンスです。各学年の教員団が企画することもありますが、PTAなどが教員団と連携しながら主催するケースもあります。

また本人・保護者・教員による三者面談も、全国の高校で実施されています。進路面談は、生徒本人の考えを確認しつつ、成績の状況などを踏まえ、今後のことを話し合う場です。学校側（担任教員）と保護者とで理解を共有し合う、重要なコミュニケーションの場です。

(2) ［生じがちな問題］「保護者主導」と「放任」に二極化しがち？

現場で進路指導を行う教員の方々から伺う話と、私自身が全国の高校で保護者向けの進路講演を行ってきた経験から、近年の進路指導に対する保護者の関わり方として、2つの傾向を感じます。

1つめは「保護者主導」です。「この子には看護師などが向いていると思う」「小さい頃からものづくりが好きで……」「○○学部は就職率が高いと聞きました」など、保護者が本人の進路選択をリードしているパターンです。国公立大学に行ってくれれば嬉しい、関関同立レベルを目指させたいといった、具体的な進路の希望が語られることもあります。本人がそれを主体的に考え、望んでいるのなら良いのですが、「この子はのんびりしているから」「社会を甘く見ているようなので」など、本人の意志を置き去りにしてしまっているようなら心配です。

実際にそこで学び、働くのは本人です。なかなか進路の希望を決めない我が子にいてもたってもいられず、つい口を出してしまっている、というところでしょうか。

また、「女の子なら文系が良い」「理系の方が就職に有利だから」など、少し前の時代の進路観に基づく思い込みをおもちのケースもあります。

もうひとつのパターンは「放任」です。進路のことはすべて本人の意志に任せている、という姿勢で、ほぼ口を出さないパターンです。「受験のことはよくわからないので、助言は先生にお任せします」といった言葉が続くこともあります。

本人に考えさせ、決めさせるというのは非常に大切なことです。本人を置き去りにして保護者が過干渉になるパターンに比べれば、こちらの方がまだ健全かもしれません。

ただ、進路指導の過程で話し合ってほしいのは、受験のことではなく、本人の今後のキャリアや生き方のことです。保護者の考えを押しつけてしまうのは論外なのですが、だからといって一切助言しない、というのもやや極端な気がします。たとえば、社会人としてご自身が得てきた気づきなどを、キャリアの体験談として話していただくのは大事です。

とりわけ声優やゲーム制作など、いわゆるクリエイター養成系の専門学校などを本人が志望しているようなケースでは、「自分にはよくわからない世界なので」といった理由で、保護者が関わり方に悩むようなケースも少なくないようです。

どちらのパターンでも、教員は保護者の対応に苦慮しがちです。

（3）［ミスマッチ予防の工夫］保護者にこそ「15年後」の話が必要

「30歳くらいまでに結婚するのが普通」「大手の企業に勤めれば将来は安泰」など、高校生の多くは無意識のうちに様々なライフイメージを抱いています。こうしたイメージが実際の社会の実情と乖離していることは珍しくありません。ミスマッチをなくす進路指導を推進するためには、こうした誤解をまずリセットする必要があります。

実は、このリセットが最も必要なのは保護者世代です。自分がこれまで経験してきた、あるいは上の世代から教えられてきたキャリア観をそのまま子どもに求めてしまう傾向は、程度の差はあれ、大多数の保護者に共通する傾向です。私たちはみな、身の回りの大人に影響を受けながら生きていますから、このこと自体は仕方がありません。「自分のキャリア観は、ある世代の影響を受けているのだな。子どもが生きていく社会では、その前提がズレてしまうのかもしれない」と、自覚的になっていただければ良いのです。

そのためにはやはり、高校生の進路を取り巻く情報のインプットが欠かせません。15年後の社会について理解を深めるような進路講演は、可能なら保護者に対しても実施した方が良いのです。生徒向けの講演に、希望する保護者が参加できるよう案内をしても良いでしょう。高校の先生が講師を務めても良いのですが、外部の講師を呼んで話してもらう方が、保護者の方々には受け入れていただきやすいと思います。

できるだけ早い段階で、進路に関する共通認識をもっておくことが効果的です。企画段階は大変かも知れませんが、その後のコミュニケーションが格段に楽になります。

(4)［ミスマッチ予防の工夫］保護者としての「突っ込み」役を

高校生が最初に提示してくる希望進路（学部・学科や、就きたい職業）は、表面的な印象や想像に基づくものであったり、本当に自分でやりたいことを掘り下げないまま思いついたものであったりすることがしばしばです。そこで効果的なのが、大人との対話です。

身近な大人から「なぜその学科を選ぶのか」「どのような情報に基づいてそう考えているのか」「そう判断できるほどの行動を行ったのか」といった問いかけをしてもらいましょう。それに応えようと努める中で、進路が深まっていったり、ときには全く違う方向へ変わっていったりします。対話を重ねることで、曖昧な部分に再検討が加えられたり、漠然としていたイメージが少しずつ言語化されていったりします。

こうした対話は、非常に重要なプロセスなのですが、各学級の担任が生徒一人ひとりに十分な時間を割けるかと言えば、なかなか容易ではありません。そこで保護者の出番です。たとえば「ゲームづくりについて学びたい」といった本人の希望に対し、「ゲームづくりには、どのような知識や技術が必要だと思うか」「その情報はどこで得たのか」「そもそも、あなたは本当にゲームづくりがしたいのか。プログラミングなどは自宅のPCでもできるが、実際にやってみたことはあるのか」……などの「突っ込み」を入れていくことは、保護者でも可能です。大学や進路について知識をもっている必要もありません。本人が自分の言葉でしっかりと回答できるかどうか、そこに説得力があるかどうかを判断し、保護者の立場で甘い部分や、曖昧と思える部分を指摘していただくだけで良いのです。

保護者であれば、ときにはやや厳しい言い方でも良いと思います。これだけでも、ミスマッチの可能性をかなり下げられるはずです。

(5)［ミスマッチ予防の工夫］社会経験に基づく対話や助言を期待

企業の最前線で働くビジネスパーソンに「有名大学に入れば一生安泰か」と聞いてみたとして、イエスと即答する方は、現在はそう多くないでしょう。「有名大卒でも社会で活躍できる人と、そうでない人がいる。本人次第だ」といった回答を返す方が多いはずです。

「大企業に入ることがキャリアの正解か」という質問についても同じと思います。たとえば工学部卒業後の仕事として、大企業の営業担当と、優良経営をしている中小メーカーの技術者・設計者とではどちらが良いか、という問い。全員が前者を選ぶとは限りませ

ん。大企業の方が給与水準や福利厚生などの面で安定している部分もありますが、仕事に求める要素は人それぞれ。それに大企業とて、従来と同じ終身雇用や年功序列のポスト・給与が保証されているわけでないことは、多くの方がご存じのことと思います。

ところが、ひとりの社会人としてはそう考えている方も、いざ保護者として自分の子どもに接するときは、「とりあえずそこそこの大学に入れ」「資格があれば安泰」「公務員や有名企業への就職実績が良い大学や学部を選べば間違いない」「名前を聞いたことがある大規模な大学の方が有利そうだ」……といった話をしてしまったりします。

高校生にもなれば、**そろそろ保護者モードではなく、社会人モードで話をしてもらって良い頃です**。ご自身が学生だった20〜30年前の話ではなく、社会人として現在どのような課題に取り組んでいるのか、そのために何を学んでいるのかという話をしていただく方が、よほど高校生の進路学習の参考になります。**人生の先輩として自身が今悩んでいることや、危機感をもっていること、そのために行動していることなどを、ご家庭でお話しいただいてください**。

(6)［ミスマッチ予防の工夫］社会人の冷静な目で大学を見る

大学や専門学校も千差万別です。しっかりと良い教育を行っている学校は多いのですが、残念ながらそうでない学校も存在します。極めて中退率が高い、経営が傾いている、どうも教育の質が信用おけない、などなどです。大学案内やオープンキャンパスで説明していることと、実態が食い違っているようなケースも見受けられます。

このように色々と問題がありそうな学校を客観的に、冷静に観察できるのは、高校生よりもむしろ社会経験豊富な保護者の方だったりします。本書で触れている中退率や留年率、正規雇用率といった各種のデータを調べたり、他大学と比較したりする作業は、保護者の方が得意のはず。

昨今では、大学のオープンキャンパスも、保護者同伴で参加する高校生が少なくありません。オープンキャンパスの大きなメリットは、心ゆくまで大学の関係者と話せる点にあります。質問・相談コーナーを担当する大学のスタッフには、留年者や中退者の傾向、特定業界に対する就職実績のデータ、自身が奨学金をもらえるかどうかなど、大学案内に掲載されていないことや、個人的な関心事などを遠慮なく聞いて良いのです。保護者にとっては、スタッフの対応の仕方も含め、大学の実力を確かめる良い機会になるでしょう。

また保護者の視点で言えば、学生の様子も重要な情報源になるはずです。最近はイベントの企画・運営を学生に任せる大学が増えています。もちろん事前に研修を受け、準備をして臨んでいるわけですから、どの大学の学生も基本的にはしっかりした対応をしてくれます。そこを差し引いても、参加者側からの質問に対応する様子や、自分の体験を相手に伝える話し方、チームの連携ぶりなどを通じて、「普段から社会人と協働する機会が多いのかな」などと、大学の普段の教育方針を推し量れる場面はあると思います。

このように、**保護者にしか気づかないこともあります**。ミスマッチの現状を共有した上

3.9 1年次から進路指導に使えるワークシート

(1)【ワークシート】模擬授業　比較シート
　文理選択を念頭に置いた模擬授業の振り返りシートです。なお、2つの授業を受けるなら1つは理系寄り、1つは文系寄りの学問を選ぶことを推奨します。

(2)【ワークシート】オープンキャンパス事前準備用シート
　夏のオープンキャンパスに向けた事前学習用シートです。この時点での印象を仮説として書き出し、主体的に仮説を検証する姿勢で参加するよう促します。

(3)【ワークシート】オープンキャンパス当日の記録シート
　大学や専門学校を初めて訪れる1年生を想定した設問にしています。立地や設備、学生スタッフの印象に左右され過ぎないような構成にしています。

(4)【ワークシート】オープンキャンパス結果まとめシート
　学校の特色、長所や短所などは、2校以上を比較して初めて理解できます。その理解を促すシートです。個々で取り組む事後学習に適しています。

(5)【グループワーク用シート】オープンキャンパスを振り返るワーク
　各自が見学した学校の情報を持ち寄り、共有し、理解を深めあうためのグループワークを想定しています。グループワークで行う事後学習に適しています。

(6)【ワークシート】文系、理系選択のための確認シート
　「数学が苦手だから文系」といった選択が行われていないかなど、教員側が生徒の問題に気づきやすい設問構成にしています。

(7)【ワークシート】進路面談のための事前提出用シート
　自分の進路学習を振り返ってもらうこと、面談時に教員がアドバイスを加えやすいことを意図しています。

(8)【ワークシート】eポートフォリオ用メモシート
　自分の進路学習を振り返り、次の1年間の主体的な進路探求活動を促すことを意図しています。

【ワークシート】模擬授業　比較シート

　　　　　　　　　　　　　　年　　　組　氏　名

対象の学問／専門分野		
受講日	月　　日（　）	月　　日（　）
文系／理系の区分	文系 / 理系 / 文理に区分できない	文系 / 理系 / 文理に区分できない
授業のタイトル（あれば）		
この学問を高校卒業後、本気で学びたいですか？模擬授業を受けて、現時点での期待値は？	4. 非常に興味がわいている 3. やや興味がわいている 2. あまり興味をもてなかった 1. ほとんど興味をもてなかった 0. 判断がつかなかった	4. 非常に興味がわいている 3. やや興味がわいている 2. あまり興味をもてなかった 1. ほとんど興味をもてなかった 0. 判断がつかなかった
模擬授業の中で最も「面白い」と感じたのはどの部分ですか？		
この学問は、どのように社会の役に立つと思いますか？		
この学問は、どのようにあなたの将来の役に立つと思いますか？		
この学問を学ぶためには高校でどのような準備をしておくと良いですか？		
その学問領域について残っている疑問や心配を書き出してください。		
全体を通じて感じたこと、考えたことを書き出してください。		

受講する模擬授業を選ぶ際のポイント
・理系寄り、文系寄りの模擬授業を１つずつ受講すると、文理選択の検討に役立ちます。

【ワークシート】オープンキャンパス事前準備用シート

　　　　　　　　　　　　年　　　組　　氏　名

学校名		
参加予定日	月　　　日（　　）	月　　　日（　　）
この学校を選ぶ理由は？		
どのような学校だと思いますか？ 現時点の印象やイメージを書き出してみましょう。		
気になる学科やコースはありますか？ 現時点の印象やイメージを書き出してみましょう。	学部・学科名：	学部・学科名：
どのような学生が通っていると思いますか？		
当日、検証したい点を重要な順に教えてください。	1： 2： 3：	1： 2： 3：
現時点でこの学校への期待度は？	100点満点中、（　　　　　）点	100点満点中、（　　　　　）点
オープンキャンパスで特に期待している点は？		

訪れる学校を選ぶ際のポイント
・個性が対照的な2校を選ぶと、教育環境の違いによるメリット、デメリットに気づきやすくなります（都心部の学校と郊外の学校、大きな総合大学と小規模な単科大学、共学と女子大、など）。
・立地や施設だけではなく、「どんな学びができそうか」に注目しましょう。

【ワークシート】オープンキャンパス当日の記録シート

　　　　　　　　　　　　　　年　　　組　氏名

学校名	
参加日	月　　　日（　　）
この学校を選んだ理由は？	
キャンパスの印象はどうでしたか？	
オープンキャンパスで最も印象に残った点を3つ、書き出してください。	1： 2： 3：
学生スタッフの様子を見てどう思いましたか？	
スタッフ以外の一般学生の様子はどうでしたか？	
模擬授業を受けてどう感じましたか？	
この学校の一番の強みは何だと思いますか？	
卒業後の進路（就職など）をどう思いましたか？	
自分にとって魅力的な点はどこですか？	
合わないかもと感じた点や、心配な点は？	
今日のオープンキャンパスを通じ、学生生活を具体的にイメージできましたか？	4. 非常にイメージできた 3. ややイメージできた 2. あまりイメージできなかった 1. ほとんどイメージできなかった 0. 判断がつかなかった
全体を通じて感じたこと、考えたこと。	

第3章　高校1年生の進路指導

【ワークシート】オープンキャンパス結果まとめシート

　　　　　　　　　　年　　　組　氏名

学校名		
参加日	月　　日（　）	月　　日（　）
キャンパスがあるのはどんな場所ですか？		
キャンパスの規模は？		
施設、設備についてどう思いましたか？		
学生スタッフを見てどう思いましたか？		
学生（スタッフ以外）の様子はどうでしたか？		
模擬授業を受けてどう感じましたか？		
この学校の一番の強みは何だと思いますか？		
就職など、卒業後の進路をどう思いますか？		
疑問が残った点は？		
自分にとって魅力的な点は？		
合わないかもと感じた点や、心配な点は？		
全体を通じて感じたこと、考えたことを書き出してください。		
あなたの進学先選びで最も大事なことは何だと思いますか？		

【グループワーク用シート】オープンキャンパスを振り返るワーク

　　　　　　　　年　　　組　　氏　名

1．各自がオープンキャンパスを通じて得た気づきをグループ内で共有してください。

2．共有結果をもとに、各学校が以下の図のどこに位置づけられるか話し合い、決めてください。

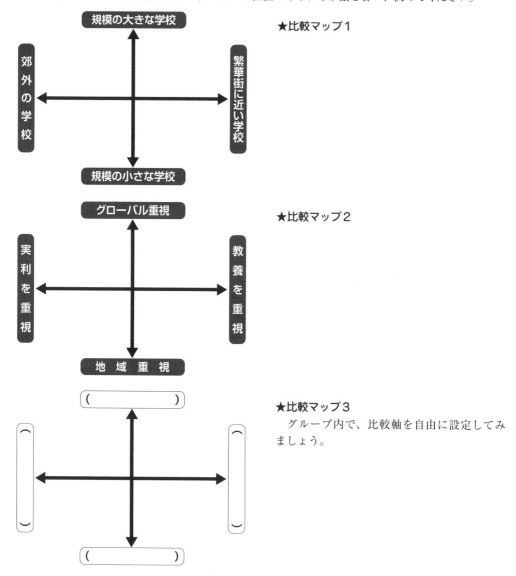

3．グループ全体でリサーチできなかった領域はありましたか。

4．「自分に合いそう」と思うのは、どのような学校ですか。

【ワークシート】文系、理系選択のための確認シート

　　　　　　　年　　　組　氏名　　　　　　　　　　

【1】 あなたは現在、文系、理系のどちらに関心をもっていますか？
　　　以下から最も本音に近いものを選択してください
　　　　・文系
　　　　・理系
　　　　・どちらにも興味があるため迷っている
　　　　・どちらにも興味をもてない、またはイメージできないため迷っている

【2】 高校卒業後、学びたい学問や、就きたい職業などはありますか？
　　　現時点での希望やイメージで結構ですので、自由に記入してください。

【3】 【1】で選んだ選択肢について、それを選んだ理由を3つ、重要な順に教えてください。

　　　1：

　　　2：

　　　3：

【4】 文理選択に関連し、現時点で不安に思っていることや、疑問に思っていることを教えてください。

【ワークシート】進路面談のための事前提出用シート

　　　　　　　　　　　年　　　組　　氏名

■これまで進路に関して行ったアクションを振り返り、記入してください。
（イベント参加、大学生や社会人へのインタビュー、関連書籍でのリサーチ、など）

進路を考えるために実行したこと	感想
（例）日付：8月15日 看護師志望者の医療体験に参加	・看護師の業務の大変さを知ることができた ・やりがいはありそうだが、正直、自分で務まるのかと不安
日付：	
日付：	

■現時点で将来の進路をどう考えていますか。以下から最も近いものを選んでください。
1：四年制大学または短期大学への進学を検討したい
2：専門学校への進学を検討したい
3：高校卒業時点での就職を検討したい
4：その他の進路を検討したい（具体的に：　　　　　　　　　　　　　　　　　　）
5：まだ進路についてほとんど検討できていない

■関心をもっている学部・学科やコース（就職の場合は業種や職種）があれば教えてください。

	学部・学科、コースなど	関心をもつ理由	より知りたい点
1			
2			
3			

■進路について現時点でもっている不安や疑問を、何でも自由に書いてください。

【ワークシート】eポートフォリオ用メモシート

　　　　　　　年　　　組　　氏　名　　　　　　　　　　　

■探究活動や課題研究に関する学びについて、この1年間で行った行動や挑戦を振り返り、記入してください（実験、調査、論文、フィールドスタディ、プレゼン、大学研究室訪問、コンテストでの成果、など）。

実行した行動や挑戦	感想・得られた気づき
（例）日付：8月1日 ○○県が主催する高校生向けサイエンスキャンプに参加	・この分野について本気の熱意をもつ高校生が、様々な高校から参加していた。ディスカッションでも積極的な人が多かった。 ・大学院生の研究の話が進路検討の参考になった。
日付：	
日付：	

■課外活動や特別活動に関して、この1年間で行った行動や挑戦を振り返り、記入してください（部活動、ボランティア、生徒会、留学、各種大会の成績、資格・検定試験の結果、など）。

実行した行動や挑戦	感想・得られた気づき
日付：	
日付：	

■今後の1年間で行いたい行動や挑戦を記入してください。

3.10 1年次から進路指導に使える外部リソース

(1)【ウェブサイト】博報堂生活総合研究所「未来年表」

・URL　http://seikatsusoken.jp/futuretimeline/

　広告代理店である株式会社博報堂の、生活総合研究所ウェブサイト内で運営されているコンテンツです。様々な報道・記事やレポートなどに掲載された「〇〇年に、〇〇が実現する見込」といった未来予測の情報を厳選し、西暦年や分野ごとに整理して掲載している、未来予測のデータベースです。たとえば「2030年」の「医療」で検索すると、以下のような情報が表示されます。

| 2030 | 医療 | たばこが原因の病気で死ぬ人が世界で830万人に達する |

　いつ、どのようなメディアで発表された予測かという出典も詳しく掲載されています。キャリア教育や、ミスマッチをなくす「脱・出口指導」型の進路学習に役立ちます。

図 3-9　「未来年表」ウェブサイト

（2）【書籍】読売新聞教育ネットワーク事務局
　　『大学の実力 2019』（中央公論新社、2018）

　日本国内の大学・学部について、中退率や留年率、正規雇用率といった重要データを調査し、その結果をまとめた書籍です。回答率91.7％、国公私立692大学の結果が掲載されているなど、日本最大規模の大学データ集と言えます。

　同調査は、偏差値や知名度によらない大学選びの情報を受験生に提供しようという意図で2008年にスタートしたもの。大学が自ら公表しにくい、あるいは公表していないデータも掲載されているため、進路指導室に1冊は常備しておくことをお勧めします。

（3）【プログラム】日本学術振興会「ひらめき☆ときめき サイエンス」

・URL　http://www.jsps.go.jp/hirameki/index.html

　科学研究費助成事業による科研費を得て、大学や研究機関が行っている最先端の研究成果を、小学5・6年生、中学生、高校生に体感してもらうプログラムです。北海道から沖縄まで、全国の大学や研究機関によるプログラムが参加者を公募しています。

　プログラムは毎年、ウェブサイトに掲載され、開催地域やキーワードなどで検索できます。テーマも多岐にわたるので、アカデミックな大学の研究活動をイメージするのに最適です。

図3-10　ひらめき☆ときめきサイエンス事業ウェブサイト

コラム 「部活動最優先」の空気が進路学習に与える影響

「部活動などのため、指導が必要な生徒の時間が確保できない」
「教員も生徒も、部活動に時間をとられることが多い」
「放課後や週末に取り組む、あるいは参加させたい事柄があっても、クラブ活動との兼ね合いで、なかなか実現できない」

これらは『進路指導白書2017』調査で、進路指導を取り巻く課題について質問した際に集まったコメントの一部です。個人的に進路指導担当の先生とお話をしていても、部活動のことはしばしば話題になります。大学見学や授業体験など、大学が提供してくれる様々なプログラムを進路指導に活用したいが、必ずどこかの部活動のスケジュールとバッティングして部活が優先されてしまう、そんな意見を耳にします。

高校生や大学生と話していて「夏のオープンキャンパスすら部活引退まで参加できなかった」という人が少なからずいることに、私もあるとき気づきました。本当は志望校を見学に行くべきだとわかっているが、とても部活動の練習を休める雰囲気ではなかったとのこと。生徒本人の自己判断と言ってしまえばそれまでですが、本人だけの責任にするにはあまりに酷な「場の空気」もあるのではと想像します。

高校にスポーツ推薦で入学した生徒が、ほとんど個人的な進路研究をせず（その時間的余裕がないまま）、部活引退後に指定校推薦枠から「聞いたことがある」大学をなんとなく選んでいくという現象も散見されます。部活動に邁進させつつ、進学先も確保できているという点で、表面的には上手くいった進路指導のように見えますが、まさに進学ミスマッチが生まれる典型例です。

高校が用意した取組だけで、【学問・職業理解】【学校理解】【自己理解】を十分に深めることはできません。特に【自己理解】はそうです。自分自身の興味や好奇心に従って様々な場に飛び込み、やりがいや、ときには勘違いなどに気づく。そんな挑戦の繰り返しこそが大事です。高大接続改革の中で導入が進むeポートフォリオも、そうした自主的な挑戦を促す仕組みです。

部活動は確かに大事な成長の場です。しかし、授業以外の時間をすべて部活に充てさせることがベストでしょうか。高校時代に挑戦して欲しい大事な課外活動はほかにもあるように思います。部活動のあり方については現在、教員の労務負担を見直すという観点で様々な議論が行われていますが、十分な進路学習の機会をすべての高校生に与える、という観点でも、部活動については教員間で踏み込んだ議論が必要であるように思います。

第4章

高校2年生の進路指導

本章の内容
4.1　2年生の1年間を計画する
4.2　【2年次①】進路ガイダンス
4.3　【2年次②】【学問・職業理解】を深める指導
4.4　【2年次③】【学校理解】を深める指導
4.5　【2年次④】【自己理解】を深める指導
4.6　【2年次⑤】大学入試システムに関する指導
4.7　2年次の進路指導に役立つワークシート
4.8　2年次の進路指導に使える外部リソース

4.1　2年生の1年間を計画する

一般的な、進路指導の流れ（高校2年生）

ステップ	内容	備考
進路ガイダンス ・受験に向けた意識づけ	・外部講師に依頼するケースもある	中だるみを防ぐため、受験に向けた学習計画や、成績の話が中心になる傾向
出張模擬授業など ・様々な学問や職業について、大学・専門学校の教職員から話を聞く	・民間企業にコーディネートを依頼する高校が多数	「学問・職業理解」の場として重要。2〜3コマを生徒が選ぶスタイルが多いが、その選び方には工夫の余地もある
オープンキャンパス ・模擬授業などを受講 ・各大学の特徴を知る	・2年生で初めて参加する高校生も多い ・「最低2校」など、参加を義務づける学校も	楽しい企画やフレンドリーな先輩など、表面的な印象で志望校を決める生徒もいる
三者面談 ・本人、ご家庭の意向を聞き、成績状況を共有 ・受験に向けた学習目標の共有	・志望大学・学部を確認 ・受験に向けた学習目標と、現状の成績について共有	「受かるかどうか」という成績面の話に終始する傾向。実際には進路の理解が十分でないことも多いが、その検証には注意が払われにくい
3年次のコース選択 ・進学／就職、国公立／私立、大学／専門学校などの検討	・希望の進路に対し、成績状況が追いついているかなどを共有	三者面談とも連動。「国公立大学も目指すか、私立大学に絞るか」といった点が中心に
入試に向けたガイダンス ・入試制度やスケジュールの説明	・大学入試システムについて理解を深める	一般入試か推薦入試かといった検討に向けての情報提供。一般入試に向けた準備を原則として勧める高校も

第4章　高校2年生の進路指導

★ミスマッチをなくす工夫を加えた、進路指導の流れ（高校2年生）

```
┌─────────────────────┐        ・［学問・職業理解］［学校理解］「自己理解」の考え方
│ 進路ガイダンス      │ ←──   　を提示し、これらを深める行動を考えさせる。
│ ・進学後に向けた意識づけ │        ・併願校も含めた全志望校のチェックを目標に
└─────────────────────┘
           ↓
┌─────────────────────┐        ・模擬授業は「聞きっぱなし」にせず、気づきを整理す
│【学問・職業理解】の学習 │ ←──  　る指導をする。事前・事後のワークシートや、参加者
│ ・出張模擬授業       │        　同士でのグループワーク、進路面談での問いかけなど
│ ・普段の授業体験　など │        　も効果的
└─────────────────────┘
           ↓
┌─────────────────────┐
│【学校理解】の学習     │
│ ・オープンキャンパスを使ったリ│
│  サーチ            │ ←──   ・併願校も含めた全志望校のチェックを目標に
│ ・卒業生の話を聞く   │
│ ・各種データの分析   │
│ ・普段の授業体験　など │
└─────────────────────┘
                             ┌─────────────────────┐
                             │【自己理解】のための学習 │
           ←──              │ ・サマープログラムや職業体験など、参加ハードルが高 │
                             │  く、負荷のかかるプログラムに参加 │
                             │ ・普段の授業体験も効果的。大学進学希望者全員が、秋 │
                             │  までに体験するのが望ましい │
                             └─────────────────────┘
           ↓
┌─────────────────────┐
│ 三者面談             │
│ ・本人、ご家庭の意向を聞き、進│
│  路理解の進捗を確認   │
│ ・受験に向けて不足している点の│
│  解消を目標として共有 │
└─────────────────────┘
           ↓
┌─────────────────────┐
│ 3年次のコース選択     │
│ ・進学／就職、国公立／私立、│
│  大学／専門学校などの検討│
└─────────────────────┘        ・入試ごとの中退率なども活用し、「入試に受かることが
           ↓                 ←──  　最終目的ではない」という点を強調する
┌─────────────────────┐        ・入試合格後の進学準備学習も含めた、3年生の1年間
│ 入試に向けたガイダンス │        　の学習計画を提示する
│ ・入試制度やスケジュールの説明│
└─────────────────────┘
```

83

（1）［従来型の進路指導では］「学びたいこと」を検討し、志望学部・学科を研究する学年。学部・学科研究と、受験モードへの切り替えが指導目標に

　一般的に2年生は高校生活にも慣れて、もっとも落ち着いた学年とされています。

　学業の様子を見る教員側からすると、中だるみの時期でもあります。早めに勉強に打ち込んでくれれば3年次以降の成績アップも期待できるのだけど、なかなかそのモードに切り替わらない時期、それが2年生です。

　したがって学年の教員団は、早めに受験生モードにしたい、という思いを抱くことも多いはず。全員参加の大学キャンパス見学会を企画したり、出張模擬授業を行ったり。3年生が大学入試センター試験（センター試験）を受験している裏で、センター試験を意識させる模擬テストを受験させたり。大学入試システムの詳細な説明を生徒や保護者にし始めるのも、2年生からという学校が多いでしょう。

　一般的には、2年生4月から、文系、理系に分かれたクラス編成になります。この1年間で、さらに志望する学部や学科などを決めるよう、指導する学校が多いようです。

（2）［生じがちな問題］まだ進路がイメージできない？　おもてなしイベントで勘違いも……

　進路学習の観点で言えば、2年生は様々なことに挑戦できる時期ですし、また、挑戦して欲しい時期です。自由な時間が多いので、進路理解を深めるために色々な機会へ飛び込んでいただきたい1年間です。

　実際、大学や研究機関が行うサマープログラムや高校生向けセミナーには、2～3年生を対象としているものが少なくありません。高校3年生の夏は、みな受験生として勉強に集中する時期であり、こうしたハードなプログラムに参加するにはやや遅いからです。

　しかし2年生は、部活動で中心メンバーとしての活躍を期待され、学業との両立が課題になりがちな時期でもあります。サマープログラムどころか、実際には部活動の練習を1日も休むわけにいかず、授業以外は部活動一辺倒という日々を送る生徒も少なくありません。上述したようなプログラムに参加できる高校生と、参加できなかった高校生の間で、進路の理解度に大きな差が生じてくるのもこの2年生の時期です。特に推薦入試やAO入試を受験する場合は、2年次でのリサーチの深さが後の受験指導に大きく影響します。

　高大接続改革が本格スタートする2020年以降は、あらゆる入試方式において、進学先に関する深い理解が求められるようになります。2年次に部活動しかしていない生徒は、志望校選択や大学入学者選抜で苦労することになるでしょう。

　サマープログラムなどの体験は、生徒の学習意欲に火を付けるという点でも非常に効果的です。逆に言うと、こうした体験をさせずにただ勉強しろ、成績を上げろと繰り返したところで、勉強しない人はしてくれないものです（それで勉強してくれる生徒ばかりなら、教員の皆様も楽になると思うのですが……）。

こうして少なくない２年生が、勉学への関心もわかず、将来についての理解も深まらず、目の前の課題や部活動に対応する日々のまま、中だるみの時期を過ごすパターンに陥っていきます。

また、学部・学科について情報を得るために、大学のオープンキャンパスなどへ出かける高校２年生は多いのですが、前述した通り、こうした大学主催のイベントは基本的に、学生募集を目的としたものです。「恋愛の心理学」「テーマパークの経済学」など、高校生向けの模擬授業はいずれもよく工夫されており、楽しいものも多いのですが、逆に言えば「楽しくアレンジされた授業」でしかありません。【学問・職業理解】の参考材料にはなりますが、実際に大学へ進学すれば、こうした授業はほんのごく一部です。模擬授業だけで学部や学科のことをすべて理解したような態度になっているなら心配です。

(3)［ミスマッチ予防の工夫］学問・職業理解、学校理解、自己理解の進展

１年生は【学問・職業理解】に絞った進路指導でも良いと思います。対して２年生は、【学問・職業理解】【学校理解】【自己理解】の３点を大いに深めていける時期です。様々な挑戦を勧めたいところです。

もっと言えば、受験生モードに切り替わった３年生以降に、こうした理解を深めていく時間はあまりとれないのです。２年生は部活動で忙しい時期ですが、その練習を数日程度休んででも、意識的に３つの理解を深めていくべきでしょう。

また高校生は往々にして、第一志望群（チャレンジ校）の大学ばかりに関心をもち、第二志望以下の大学群を軽視しがちです。結果として３年生の秋以降に、成績や入試科目だけで併願校を決めるようなことになってしまう。そうして決めた大学にしか受からず、進学後に後悔する、というケースも非常に多いのです。併願校も含めた幅広いリサーチが大事だということや、具体的な比較検討の方法などを、進路指導の中で伝えていきましょう。

4.2 【２年次①】進路ガイダンス

(1)［従来型の進路指導では］教員の願いは「中だるみ防止」？

多くの高校において、２年生の進路指導で大きなテーマにされているのが、中だるみの防止です。高校１年生は入学直後ということもあり、それなりの緊張感もあります。また３年生となれば受験生ですから、受験に向けてモードを切り替えよう、というメッセージを発しやすいですし、また学級の空気も自然とそのようなものに切り替わってきます。

その点、２年生は高校生活にも慣れ、良くも悪くも「これくらいの姿勢で過ごしていれば大丈夫なのだろう」と、自分の生活リズムができてきた時期。部活動でも中心的な存在

として練習に励んだり、後輩を指導したりと多忙になってくる頃です。本来なら学習面でも、また将来の進路につながる様々な挑戦を行うという面でも、最も大きな成長が見込める1年間なのですが、現実的には「授業と部活、日々の課題をこなすだけで満足だし、それで精一杯」という状況になりがちです。よく言えば高校生活を謳歌しているとも言えますが、悪く言えば日常生活の維持に甘んじてしまっている、といったところでしょう。

そこで多くの高校では2年生の春～夏頃にかけ、生徒に危機感をもたせるべく、進路のガイダンスや講演を企画します。「早くから学習習慣を確立しておかなければ志望校に合格できない」「難関大学に合格した先輩は、この時期にこのような生活を送っていた」といったメッセージを出したり、1年間での模試受験などのスケジュールを伝えたり。3年次以降、国公立大学コース、私立大学コースといったクラス分けをする高校では、「国公立大学を目指すかどうか、この1年でよく考えなさい」「国公立大学を視野に入れられる学力を目指しなさい」といった投げかけをすることもあるでしょう。

1年次の最重要トピックが文理選択だとすれば、2年生は「学部・学科研究」とする学校が少なくありません。文系、理系それぞれ選んだコースの先に、どのような学部・学科があり、その先にどのような世界が待っているのか。1年次の文理選択は、科目ごとの得意・不得意などを元に漠然と決めている生徒も多いため、より具体的な学問や仕事などについて調べ、自分の進路を決めさせるというのが、2年次の重要な目標となっています。

(2) [生じがちな問題] 勉強しろ、と言われたけれど……

「受験のためにしっかり勉強しろ」と言われても正直あまりピンと来ない、というのが2年生前半での、生徒の本音ではないでしょうか。

基礎学力というのは、急に勉強を始めたからといって、すぐにつくものではありません。英語や数学などの科目には特にその傾向が見られ、日々の学習が成績として表れてくるまでに時間がかかります。その点では、「受験のために早くからしっかり勉強しろ」という教員の皆様のアドバイスは間違っていません。さぼったために実力を伸ばしきれなかった卒業生も多く見てきた教員だからこそ、今の生徒に、日々の学習の重要性を伝えたくなるのはよくわかります。

ただ、
・高校卒業後にやりたいこと、学びたいことがわかっていない
・どのような大学があるのかわかっていない
・自分が2年終了時までに何をすべきか、わかっていない

……という状態で、ただ「受験のために勉強をしておけ」と伝えても、なかなかイメージをもてないものです。「どんなスポーツをやるか決める前に、とりあえず1年間、全身の筋トレをやっておけ」と言われていようなものでしょう。こう言われただけで勉強に励める人は、そもそも言われる前に日々、自学自習をしている人のような気もします。

(3) ［生じがちな問題］学部・学科の「決め方」を指導していない

　現在、大学で取得できる学士号の専攻表記は、私が確認しているだけでも700種類以上。これが学部・学科選びの母数ということになります。そのうち6割は、ある1大学でしか取得できない「オンリーワン学位」です。1990年の大学設置基準大綱化までは、29種類と決まっていましたので、爆発的に選択肢が増えたことになります。

　このような環境で「さあ○月○日までに、自分が学びたい学部や学科の希望をしっかり決めてきなさい」と言われても、簡単ではありません。教員や保護者の皆様が学生だった頃なら「文系なら法、経済、商、文……」など、指折り数えて主要な学部の種類を挙げられたかもしれませんが、その頃とは、大学を取り巻く社会状況がまるで違うのです。文系・理系に分類できない学際的な学部・学科も、各大学に1つはあるのでは、というほど一般的になっています。こんな状況で学部や学科の検討を進めるわけですから、学校からの支援やサポートも必要です。

(4) ［ミスマッチ予防の工夫］学問・職業理解、学校理解、自己理解を指針に

　本書で述べている【学問・職業理解】【学校理解】【自己理解】という3つの視点は、この2年次冒頭には生徒へ提示することをお勧めします。

　・高校卒業後にやりたいこと、学びたいことがわかっていない

　・どのような大学があるのかわかっていない

　・自分が2年終了時までに何をすべきか、わかっていない

……という状態に陥っている生徒にとっては、この3点がとりあえず1年間の、行動の道標になるはずです。

　「2年秋までに【学問・職業理解】と【自己理解】を深めておきなさい。夏休みのオープンキャンパスも、そのリサーチの一環として活用するように。模擬授業の選び方にも工夫が必要だ」「1年次は、とりあえず知っている大学や、身近な大学、憧れの大学を観に行ったと思うが、ここからは【学校理解】の計画に基づいた大学研究を進めていこう。4大学を観に行くとしたら、どのような観点で行き先を選ぶと効果的か、グループで考えてみよう」……など、この3点を埋めるように指導することで、教員側も基本的な指導方針を立てやすくなります。

　2年生の一年間で、どのような機会をどう活用すれば、この3つの理解を進められるのか。春のガイダンスで教員側から生徒へ示すと良いでしょう。

4.3 【2年次②】【学問・職業理解】を深める指導

(1) ［従来型の進路指導では］出張模擬授業や進路情報媒体、オープンキャンパス参加などを生徒へ提示

　前述の通り、学部・学科研究を2年生の進路学習テーマとする学校は少なくありません。1年次に文理選択を済ませているとはいえ、まだその先にある具体的な学問や仕事について、十分に理解している生徒は多くありません。3年次は受験勉強に集中して欲しいので、2年終了時までに志望する学部・学科の目処を立てておくことが望ましい、となるわけです。

　では、どのように志望する学部・学科やコースを探すか。「○月○日の進路面談までに自分で決めなさい」などと期限を提示し、自分で調べるように指導する高校は多いと思います。その上で、様々な大学や専門学校から講師を招いての模擬授業を企画したり、夏期休暇中のオープンキャンパス参加を生徒へ勧めたり。こうした機会を活用しながら、気になる学問分野を自分で見つけましょう、という指導です。

　民間事業者が提供するサービスを活用する高校も多いようです。出張模擬授業を企画するにも、各分野の講師をバランス良く手配したり、そのために大学や専門学校とやり取りを行ったりするのは大変です。そのコーディネートを企業に依頼するわけです。

　多様な進路の情報をわかりやすく整理した進学情報誌も、多くの企業が制作しています。こうしたメディアを生徒へ配布し、進路研究の教材として活用する高校も少なくありません。なおこうした媒体の多くは、大学・専門学校側からの広告掲載料で制作されていますから、高校から依頼すれば無料で必要部数を送付してくれるケースが多いようです。

(2) ［生じがちな問題］消費者視点でカタログを見るようなイベントだけで十分か？

　ミスマッチを生み出す大きな原因の1つが、学問や職業の中味に関する誤解です。「経済学部に入ったら数学が授業でしょっちゅう出てきて驚いた。文系の進路なのに」「恋愛など人間関係の心理学に関心があって心理学科に入学したら、カリキュラムや普段の授業が入学前の印象とまるで違う。まったく関心がもてない」……など、基本的な段階で各学問分野を誤解している大学生は少なくありません。少し調べればわかるような理解不足も目立ちます。

　ただ、彼らだけを責めるのは酷です。高校生のうちに彼らが体験してきた模擬授業にはこうした誤解を誘発するようなものも少なくないからです。

　大学側の最重要経営課題は、学生確保です。「質」ももちろんですが、何よりもまず「数」が欲しい。志願者数が多ければ多いほど競争倍率が上がり、入学難易度が上昇する

と考える大学関係者は多いのです。

　現在、私立大学の定員割れは210校で、全体の36％にのぼります。うち定員充足率50％未満の大学は11校[xv]。今後も少子化は進行します。「誰でも良いから1人でも多くの入学者を得て、いますぐ定員を埋めたい」と考える大学も、少なからず存在しているはずです。現時点でそこまで経営が切迫していなくても、大学側としては将来のことを考えれば、やはり志願者は増やしたいのです。高校側にとって模擬授業は、生徒が学問や職業への理解を深める、大事な学びの機会ですが、大学・専門学校側にとっては「高校生へ直接ＰＲできる広報機会」でもあります。

　模擬授業に臨む生徒の側も、わくわくする楽しい話や、学問を身近に感じられる話、あるいは就職に役立つなどの具体的・実利的な情報を期待しています。

　その結果、「経済学部では数学が必須」「心理学は、生理学や統計学のように、理系分野の知識も必要。犯罪心理や恋愛心理のようなトピックもあるが、全体からみればそれらを学ぶ時間はごく一部」「法学部を出た学生のうち、法律職に就く学生は極めて少数」……など、高校生の志望意欲を下げるような話題は、出張授業ではまず出てきません。模擬授業のタイトルも「恋愛の心理学」や「テーマパークの経営学」など、楽しく刺激的なものに設定されがちになります。

　私は別に、こうした楽しい側面にフォーカスした模擬授業は良くない、と言いたいのではありません。むしろ最初に学問へ興味をもつキッカケとして、高校生の関心を引く工夫は大事だと思います。知的好奇心を刺激してくれる機会が多くあるほど、高校生の進路学習の幅は広がることでしょう。

　でも、楽しい模擬授業「だけ」で学部・学科を決めてしまうのは、お勧めしません。大学進学後の実情と食い違ってしまうからです。いかなる進路にも楽しい部分、やりがいのある部分と同時に、大変な部分や、地味できつい部分が存在します。

　たとえば大学では卒業研究を手がけるまでに、必要な学問知識を系統立って習得する必要がありますが、そのすべてが楽しく刺激的なものとは限りません。そうした部分も含めて「学んでみよう」と思えるかどうかが大事ではないでしょうか。

　楽しそうな部分、表面的な部分だけを見せて進路を決めさせる指導には、もう1つ、危うい一面があると私は思います。それは、高校生を「消費者」として扱ってしまうという点です。楽しい部分を伝えると同時に、「とは言え、経済を知るためには数学もやっぱり必要だよ」「看護師の就職状況は良好だし、やりがいもある仕事だけど、この進路に向いておらず途中で退学したり、就職後にすぐ離職したりする人も少なくはないよ」……など、そこで求められる基礎学力や姿勢についてもあわせて伝えれば、生徒は「学ぶのは自分自身なのだ」という重要なポイントに気づくことができます。進路指導というのは、消費者・お客様ではなく、主体的な学習者としての振る舞いを生徒に提示し、求めていくものであるべきです。

模擬授業も、事前・事後の指導などをうまく入れることで、受け身の姿勢で聞いただけでは得られない気づきを生み出すことができます。また、事前に各講師に対して「厳しい一面に必ず触れて欲しい」「リアルなカリキュラムをイメージできる話にして欲しい」といった依頼を行うことで、高校側の指導方針に沿った内容に近づけることは可能です。こうした工夫が大事です。

　その上で、2年生のうちに模擬授業だけではない、もう少しリアルな学問・職業の体験もさせるとなお効果的です。

(3) [ミスマッチ予防の工夫] 生徒がイメージできるような工夫を

　いきなり学部・学科リストを渡して、「さあ好きなものを選びなさい」と伝えても、なかなか選べないものです。民間企業が制作する進路ガイドでも、学問分野の分類に様々な工夫を加えていますが、高校の方でも多少の解説をした方が良いかもしれません。3.6の項で取りあげた人文科学、社会科学、自然科学という分類なども、そんな解説に使えそうです。

　私はある高校で、「山登り型の学部」と「ジャングル探索型の学部」という説明を使ったことがあります。一般的な言い方ではないかも知れませんが、その高校の生徒さんにはこんな説明の方がイメージしやすいかな、と考えたのです。

【山登り型の学部】
　国家試験への合格など、在学中の学習ゴールがわかりやすく示されている学部。ゴールに向かって登山を続けていくようなカリキュラムになる。
　典型的な例は、医学部、看護学部、歯学部、薬学部など医療系の学部。専門職養成系の学部には、このタイプのカリキュラムが多く見られる。語学試験のスコアアップを掲げる国際系学部なども、場合によってはこのタイプに。
　その道を本気で目指す学生にはピッタリ。ただし近年ではゴールに届かない学生が、学業不振で留年に追い込まれるケースも増えている。

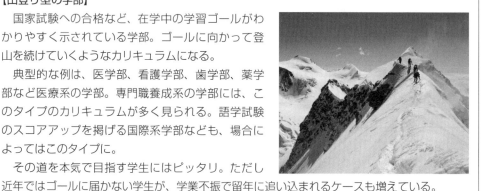

【ジャングル探索型の学部】
　学問を通じて教養を深め、多様な視点を獲得することに力点を置いた学部。様々な授業を柔軟に履修しながら、知的好奇心を満たしていけるカリキュラム。
　「リベラルアーツ」を掲げる教養系学部はその典型例。文学部など、人文科学系の学部にはこのタイプが少なくない。知的刺激を求めて大学に進学するタイプには合っているかも。授業選びが柔軟な反面、受動的な姿勢の学生は授業選びに悩んだり、進路を見失ったりすることも。

実際には、文学部にも「山登り」の一面がありますし、医学部にも「ジャングル探索」の一面があります。学部や学問をこの２タイプだけに分類することは不可能でしょう。ただそれでも、学びをイメージしてもらうためのガイドにはなります。

実際、高校生を見ていると、「文学部は、編集者や教員になるために学ぶところ」「弁護士になるための勉強をするのが法学部」……など、人文科学系や社会科学系の学部を専門職養成のイメージで捉えていたり、「やりたいことがないから、とりあえず就職のために、医療系の学部に進学してみる」……など、危険な状態で「山登り」に挑もうとしていたりする人もしばしばです。大学や学問のイメージが、人によって「山登り」か「ジャングル探索」のいずれかに偏っていることは珍しくありません。

そんなときに、「あなたはゴールの明確な大学へ行きたいのか、それとも自分だけの生き方を見つけるために行きたいのか」……といった何らかの枠組みを教員側が設定し、生徒が自分で考える際のガイドにすることも、ときには効果的かと思います。

(4)［ミスマッチ予防の工夫］学問の「大変な部分」も見せる

前述の通り、模擬授業というのは基本的に、学問の楽しい一面をエッセンスとして抽出し、高校生向けにまとめた内容です。良い面もありますが、そこにはリスクもあります。

個人的に推奨するのは、**大学の「普段の授業」を生徒に聴講させること**です。最近では入学後のミスマッチ解消などを目的に、多くの大学が祝祭日などに、普段の授業を高校生に公開しています。

普段の授業公開ですが、ほとんどは事前申込制です。公募で参加者を集めている場合は、生徒が大学のウェブサイトなどから自分で申し込むこともできます。ウェブサイト上に情報がない大学でも、高校側から「生徒に普段の授業を見せて欲しいのですが」と相談してみると、対応してくれるケースはあります。学年全体の進路指導行事として、普段の授業の体験を行っている高校も増えていますので、地域の大学に問い合わせてみても良いのではないでしょうか。

> こちらも活用できます
> ▶【ワークシート】学問リサーチシート（大学・短大）（118ページ）
> ▶【ワークシート】専門分野リサーチシート（専門学校）（119ページ）
> ▶【外部リソース】WEEKDAY CAMPUS VISIT（126ページ）

4.4 【２年次③】【学校理解】を深める指導

(1)［従来型の進路指導では］イベント参加を通じて、気になる大学と接する

多くの高校ではオープンキャンパスへの参加、あるいは学校行事としての大学見学ツ

アーなどを、進路指導の一環として企画しています。

文理選択のための情報収集という側面が大きかった1年次に比べ、2年次では同じオープンキャンパスでも、「志望校を探す」「憧れの大学に触れて学習のモチベーションを高める」という効果を期待する教員が多いのではないでしょうか。

前述したように、2年生は中だるみを起こしやすい時期。明確な目標、それもできる限り「高い目標」を見つけた方が生徒も学習に打ち込んでくれるはず、そう考える高校もあるでしょう。

オープンキャンパスについては、「2校行きなさい」など、具体的な数も含めて生徒に義務づけ、夏休みの課題とする高校が少なくありません。本当に参加したかチェックするため、大学側の署名などを求める例もあります。当日の気づきを記載するワークシートなどを生徒へ配付し、夏休み明けに提出させる学校もあります。

高大連携協定などを結んでいる高校では、大学から教員を派遣してもらい、やや高度な実験や実習を体験させている例もあります。一部の高校では、大学の普段の授業に生徒を聴講生として参加させ、その気づきを【学校理解】にも活かしています。

このように「リアルな大学（大学教員や授業、キャンパスなど）に実際に触れさせる」という点を重視し、何らかのイベント的な企画を用意する高校が多いようです。

なお出張模擬授業やキャンパスツアー、「普段の授業」体験といった企画をコーディネートするには、相応の労力がかかります。そうした業務を外部の民間企業やNPOなどに委託している高校も多いでしょう。

とは言え、学びのすべては外注できません。校内で行う模擬授業であれ、校外へ生徒を送り出すイベントであれ、気づきを最大化するためには適切な事前指導、事後指導が必要です。また「生徒のためにどのような施策が適切か」を考えるのも教員側の役目。お金を払いさえすれば、企業は大抵のことをコーディネートしてくれますが、目指すゴールを教員の側でしっかり考えておかなければ、気づきの少ないただの単発イベントで終わってしまいます。

(2)［生じがちな問題］「学校理解」のための施策になっていない？

出張模擬授業は志望校選びの参考になる、と考える教員は少なくないようです。でも実際には、【学問・職業理解】には役だっても、【学校理解】と【自己理解】にはあまりつながっていないケースがほとんどのように思えます。

そもそも出張模擬授業のような企画において、大学や専門学校から講師として派遣される教職員は、「本日は、『〇〇学系統』志望の生徒に対してお話をしていただきます。あくまでも学問の特色や面白さを中心にしてください。ご所属の学校のPRなどはなるべくご遠慮ください」……といった依頼を、企画者側から事前に受けていることが少なくありません。申し訳程度に、大学の紹介を冒頭または最後に話される方もいますが、見る限り、大学の学部構成や設立年、学生数、キャンパス所在地など、表面的・形式的な情報に終始

していることが多いようです。ないよりはもちろんマシですが、これで各大学の違いや特色を伝えられているとは思えません。

オープンキャパスも同様です。本書で何度も述べた通り、多くの高校では進路指導の一環として、生徒へオープンキャンパスの参加を推奨、または課題として義務づけています。しかし、多くの大学がオープンキャンパスで用意する模擬授業もまた、高校生向けにアレンジされたもの。誰にでも理解できるレベル・表現で、誰でも興味をもてるようなトピックを抽出したものに過ぎません。基本的には高校での出張模擬授業と同じで、学問理解の役には立っても、学校理解の要素はそれほど期待できないケースが多いのです。

以前、大学で広報活動を担当している職員の方々への研修で、あるワークショップを行ったのですが、興味深い結果でしたのでご紹介します。

様々な大学に所属する職員が混じってのグループワークで、大学が高校生向けに行っている広報活動をそれぞれ付箋紙に書き出してもらいました。その後、書き出した結果を【学問理解】【学校理解】【自己理解】へ分類してもらったのです。

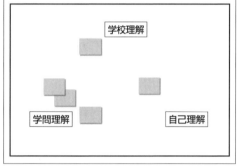

図 4-1　大学が高校生向けに行っている広報活動を分類するワーク

その結果が、**図 4-2** の写真です。ご覧の通り、大学が行う活動のほとんどは【学問理解】と【学校理解】を目的としており、【自己理解】はほぼ皆無ということがわかります。参加者にその理由を聞いたところ、「自己理解は、高校の進路指導の中で行われていると思うので」「大学が関与すべき（または、関与できる）ところではないので」……という意見が多く寄せられました。

図 4-2　大学が高校生向けに行っている広報活動を分類するワークの結果（例）

では、学問理解、学校理解としては、どのような施策が挙げられたのでしょうか。

見ると大学の広報担当者も、模擬授業や公開講座、出前授業などは基本的に【学問理解】として分類していることがわかります。これらは学校の特色を伝えるための施策としては十分ではない、と大学側も考えているのですね。

では【学校理解】のための施策はいかがでしょうか。大学の担当者が挙げたもの（**図4-3**）を見ると、2つの傾向を感じます。1つはメディアへの依存で、もう1つは「キャンパス理解」への偏りです。

メディアへの依存とは、つまり「大学案内やウェブサイト、広告などに書いているのだから、高校生には伝わっているはずです」ということです。

ほかは、キャンパスツアーや高校別バスツアーばかり。学校の教育上の特色というより、キャンパスの特色が強調される施策に偏っているのです。

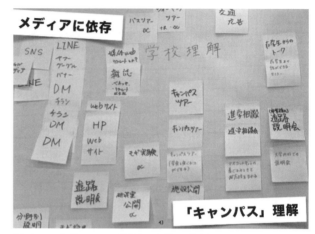

図4-3　大学による【学校理解】の施策例

多くの大学が、高校生向けの広報活動で、【学校理解】を促すために行っている施策の問題点

（1）メディアを過信している、メディアに依存している
　・大学案内やウェブサイトに記載している
　・民間企業が制作・販売する媒体に出稿している
　・SNSやLINEで発信している
　・交通広告を出している
　・DMやチラシを配付、発送している

▶「だから、教育の特色は十分に伝わっているはずである」？

（2）学校理解というよりも「キャンパス理解」になっている
　・オープンキャンパスなどでのキャンパスツアー
　・高校ごとに企画されるバスツアー
　・施設公開

▶「だから、教育の特色は十分に伝わっているはずである」？

前述しましたが、大学がメディアで発信する内容の多くは非常に似通っています。大学名の部分を隠してしまえば、どこの大学の説明なのか、違いがわからなくなるほどです。

「面倒見が良い大学」「少人数教育」「グローバル人材の育成」「就職に強い大学」……など、使うキャッチフレーズがほとんど横並びで同じである上に、「具体的にどう面倒見が良いのか」「全授業の具体的な履修人数や構成比はどの程度か」「グローバルと言うが、全

学生の英語スコアの伸びはどうなっているのか」……といった具体的な数字や、取組の詳細については触れられていないことも多いのです。

大学関係者には、現在の高校生の大学選びのあり方について、不満をもっている方が少なくありません。

「入学難易度（偏差値）だけで出願先を選んでいる」「歴史の長いブランド大学ばかり見て、教育の中味を見ていない」「都心の繁華街にある大学ばかりが高校生の注目を集めていて、郊外の大学は不利になっている」……などなど。かくいう私も、かつて大学で職員として働いていたときには、同じようなことを少なからず思っていました。

しかし、そんな大学選びを生み出している要因の1つは、広報に対する大学側の姿勢です。キャッチフレーズばかりで実態を伝えず、数字で示せる成果を用意できず、見せられるのは演出された模擬授業や、キャンパスのキレイな箇所だけ。これでは、学部名や立地、入学難易度くらいでしか高校生が大学を比較できないのも当然です。

大学が用意する企画のほとんどは、残念ながら【学校理解】の施策としては不十分。ただ、高校側で少し工夫を加えることで、良い教材にすることはできます。ただ生徒を大学見学のイベントに参加させただけでは、十分に学校理解は深まらないこともある、ということを、高校側は気に留めておく必要があるでしょう。

（3）[生じがちな問題] 事前・事後の指導がない

たとえばオープンキャンパスについては、どんな学校を選ぶべきか、当日はどこを見るべきか、といった事前指導が高校でほとんどされていないケースも目立ちます。

夏休みのオープンキャンパス参加にあたって起きがちなこと

・どんな大学を選ぶべきか、という事前指導がないため、見学先が「憧れレベルの大学」「繁華街にある有名大学」ばかりになっている。

・どこを見るべきか、という事前指導がないため、学食体験や、サークル、アルバイトのことなど表面的、消費者的な観点で見学してしまっている。

・個別の質問・相談コーナーに行かない。

・模擬授業は、「気になっている1学部」だけ見て帰る。

・参加の感想が「学食が美味しかった」「キャンパスが広くてキレイだった」「先輩が明るくて優しかった」……に終始している。

ここに挙げたものはみな、2年次に気づくべきことに何一つ気づいていない、と言えるケースです。ミスマッチを未然に防ぐどころか、むしろ誤解が強化されているおそれすらあります。1年生ならともかく、2年生でこれでは、【学校理解】が進んだとはとても言

えませんが、残念ながらこうした高校生は多いのです。高校での事前指導、事後指導があれば、同じオープンキャンパスでも、もう少し違った結果にできるはずです。

(4)［生じがちな問題］「先生が行かせたい大学」に過度に偏ることも

前述の通り、2年生は学習において「中だるみ」が起きやすい時期です。そこで教員側としては、できる限り高い目標を生徒に提示しようと考えがちです。そのこと自体は悪いことではないのですが、高校側の都合が優先されすぎていると、【学校理解】の行事の企画において以下のようなことがしばしばおきます。

> 高校2年次に【学校理解】の行事を企画していて起きがちなこと
>
> (1) 見学先が、国公立大学や、難関ブランド大学に限定されている。
>
> (2) 出張模擬授業で呼ぶ大学が、一定の入学難易度より「上」の学校に制限されている。かつ、実際に卒業生が多く進学している大学がその範囲に含まれていない。
>
> (3) 専門学校の進学や、就職を希望している生徒を何の事前指導もないまま全員、大学に連れて行っている。

(1)と(2)は、多くの高校で見られる傾向です。「先生が話を聞かせたい大学」と「生徒が実際に進学する大学」、そして「呼べば来てくれる大学」の三者はズレがちです。

教員側が、憧れや目標になるような大学を生徒に見せたい、と考えるのは自然なことです。別に悪い事でもないでしょう。ただしその思いが少々、過ぎてしまっている教員もいるようです。たとえば、実際に進学する可能性が高い実力相応の大学群に対して「そのレベルの大学は、放っておいてもある程度受かるのだから、いま見せる必要はない。生徒が興味をもってしまって、より上を目指す意欲をなくしては困る」「オープンキャンパスでは、国公立大学だけを見学すれば良い。地元の私学にレベルの高い大学はないのだから」……といった判断をする教員です。ポイントは、「実際には卒業生の多くが、こうした大学へ進学しているにもかかわらず」というところです。

残念ですが、教員がどう思おうと、実際に少なくない生徒は、その後も地元のこうした大学へ進学するでしょう。その際、「ほとんど知らないまま進学することになった」という状況であるケースは多いのです。

もっと悪いことには、「先生が『レベルの低い大学』と言っていた大学に、自分は進学することになった。自分はレベルの低い人間なのだ」という思いを抱えて大学生になる人もたくさんいるのです。まさに「出口指導」の犠牲者というべきでしょう。

少しでも進学する可能性のある大学は、広くしっかり調べておくことが大事です。それは、「より高みを目指す」という進路指導とバッティングすることではありません。少しの工夫によって両立できるものです。

なお（3）ですが、これも、企画する教員の意図はよくわかります。「たとえ大学に進学しないにせよ、高校生の時期に、一度は大学がどういうものか、見せてあげたい」「全員ではないにせよ、1人でもこの機会を経て大学進学に興味をもってくれる者がいるなら」……といった、教育者としての純粋な想いによるものでしょう。

ただその場合もやはり、「なぜ君たちを大学に触れさせたいのか」「そこで何を考えて欲しいのか」といった事前指導は不可欠と思います。実際、何も説明がないまま本人の意志に反して大学見学に参加させられ、つまらなさそうに模擬授業の時間にスマホをいじっていたり、寝ていたり、さらには私語をして大学側の心証を悪くしてしまっている高校生を、私もしばしば見かけます。その場だけを見れば「ちゃんと聞きなさい！」と注意したくもなりますが、彼らが連れてこられた経緯を知れば、無理もないことかなと感じます。

（5）［ミスマッチ予防の工夫］①「全併願校を検証済みに」をゴールに

【学校理解】の最終的なゴールを決めておくことが大事です。これが「より高い目標をもたせる」という一点だけに限定されてしまうと、ミスマッチにつながります。

ミスマッチをなくす進路指導が本書のテーマですので、ここでは「全併願校を、出願の時までにしっかり検証しておく」をゴールとしましょう。全併願校、というのが重要なポイントです。

最近では一般入試で大学受験をする高校生の場合、5校程度に出願されるケースが多いようです。最近では併願割引制度をもつ大学も増えていますから、もう少し多く検討される方もいるでしょう。仮に5校なら、よくある出願のパターンは、「チャレンジ校（第一志望群）」を2校程度、「実力相応校（第二志望群）」を2校程度、「安全校（第三志望群）」を1校程度といった振り分け方です。

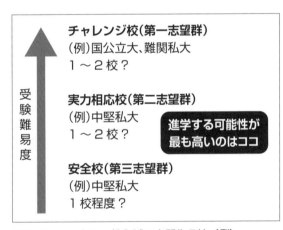

図4-4　よくある一般入試の出願先5校（例）

しかし多くの場合、この5校のリサーチにかける時間および労力は、均等ではありません。第一志望校はじっくり選んだのに、実力相応校や安全校の選び方は適当、というケースは案外、多いのです。第一志望群である「チャレンジ校」に、【学校理解】が偏っているのです。前述したような高校側の事情も、背景にあるのかもしれません。

ミスマッチをなくす進路指導という観点で、これは心配です。実際には憧れである第一志望群の大学よりも、実力相応の大学に進学する可能性の方が高いのですから。【学校理解】の対象が偏りすぎてしまうと、後悔しかねません。

（詳細は、高校3年生のページでもまた解説します。）

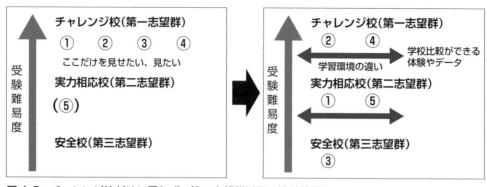

図4-5　チャレンジ校だけに偏らず、第二志望群以下の比較検証も

　仮に高校1〜3年生の間に、5校を見学するとした場合。そのほとんどがチャレンジ校レベル、ではバランスが悪いのです。理想は「チャレンジ校レベルの中からの第一志望校」「実力相応校レベルの中からの第一志望校」「安全校レベルの中からの第一志望校」……を、それぞれ見つけ出すこと。そうなると、各レベルの学校群をそれぞれ比較しよう、という発想になります。仮にリサーチできるのが5校なら、そのうち3校程度は、実力相応校や安全校に充てた方が良い、ということになるわけです。

　こうしたリサーチを高校3年生の夏以降に行おうとする受験生が多いのですが、それではウェブサイトに記載された内容や入学難易度、それに受験科目くらいしか調べる時間がありません。進学する可能性の高い大学を、そのような「やっつけ仕事」で選んで良いのでしょうか。2年生のうちから、こうした出願先の全体像をおぼろげにでも描いておいた方が、後々、受験勉強に集中することもできます。

　なお、ここでは一般入試を例に出しましたが、これは推薦入試やAO入試などでも同様です。むしろこうした総合評価型の入試ほど、偏差値というモノサシとは違う尺度での大学比較が求められます。入試の時期も早いので、自分に合った大学を探すため、早めに「どのような学校群を比較してみるか」という計画を立てておくべきです。

(6)［ミスマッチ予防の工夫］②「どの大学を比較検証するか」をマッピング

　「良い大学」の定義は、1つではありません。大学の価値は自分のモノサシで測るべきだというのが本書のスタンスです。その観点で言えば、良い大学とは、自分の求める成長イメージに近い大学です。簡単に「自分に合った大学」と表現しても良いでしょう。

　では、自分に合った大学を探すためにはどうすれば良いのでしょうか。大学や専門学校には、それぞれ個性があります。同じ名称の学部をもっていたとしても、そこで行われている教育には個性があります。その違いを比較し、理解することが大事です。

　たとえば国全体のバランスなどを見ながら政策に基づいてつくられた国立大学と、その自治体・地域の人材育成を重視してつくられた公立大学では、成り立ちも違えば、教育の目的も異なります。「国公立」と一緒くたにされがちですが（本書でも便宜上、そうした

表現を使ってしまっていますが)、似ているのは学費の設定くらいで、他の実態はかなり異なります。

たとえば大学院進学率などを比較すると、国立大学はどの学部でも総じて高めですが、公立大学は低めです。国立大学の留年率は、実を言うと私立以上に高いケースが多いのですが、公立大学は総じて低めです。じっくりアカデミックな研究に触れ、研究者を目指す学生も多い国立大学と、医療系など地域のプロフェッショナル人材育成を掲げることが多い公立大学とでは、目的や環境がそもそも異なるのです。どちらの方が上か、ではなく、自分に合うのはどちらかと考える方が建設的です。

私立大学に至っては、建学者の思想も、建学に至った理由もバラバラですから、学校ごとに掲げる教育ミッションがすべて違います。「MARCH」や「関関同立」「日東駒専」といった受験業界の言葉がありますが、たとえば明治大学経営学部と立教大学経営学部の教育内容が、同じであるわけはありません。近いのは入学難易度の数字くらいです。

個々の大学を1つひとつ読み解いても良いのですが、それでは数が多くて大変ですし、個別の情報に流されて自分自身の進路の評価軸を見失いがちです。

「自分のモノサシ」を意識するためにも、最初は、たとえば図4-6のような比較軸をもとに、大学と自分自身についてイメージしてみることをお勧めします。

これらは、様々な大学の違いを読み解くための比較軸です。左右に分けて記載していますが、「小規模大学」と「単科大学」がセットというわけではありません。大規模な単科大学もあれば、小規模な総合大学もあります。それぞれ独立した比較軸として参照してください。

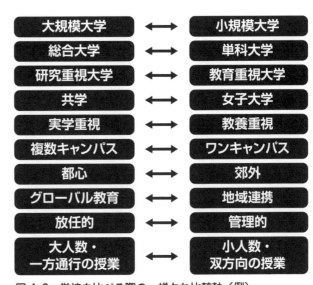

図4-6 学校を比べる際の、様々な比較軸（例）

大規模大学と小規模大学では、学ぶ環境が大きく異なります。前者の良さや強みもありますし、後者のメリットもあります。一般的に、大規模大学の方が世間的な知名度は高いため、多くの高校生は大規模大学を志望先として思い浮かべがちです。でも、小規模な大学の方が合っている、入学後に大きく成長できる、という人も実際には多いのです。

名前が知られている大学の方が安心だ、といったイメージで大人は大規模大学を勧めがちですが、その環境に合わずにミスマッチを起こして退学しているような学生も大勢います。だからこそ、生徒一人ひとりが「どちらが自分に合っているだろうか」と考えることが大事なのです。

とはいえ、「あなたは大規模大学と小規模大学、どっちが自分に向いていると思う？」と突然聞かれ、適確に答えられる生徒ばかりではありません。そもそも、それぞれの実態やメリット、デメリットをまだ知らないので判断しようがありません。

だからこそ、進路指導のプロセスの中でこうした違いを教員側から示し、様々な大学見学の機会などを使って、実感させることが大事なのです。

たとえばオープンキャンパスや、キャンパス見学会などを使って大学を比較できるとしましょう。ここで仮に「教養教育重視か、実学教育重視か」という比較軸Aと、「大規模大学か、小規模大学か」という比較軸Bを設定したとします。その軸に沿って、大学案内や公式ウェブサイトなどを参考に、地元の大学の位置づけを描いてみましょう。結果が図4-7のようになったとします。

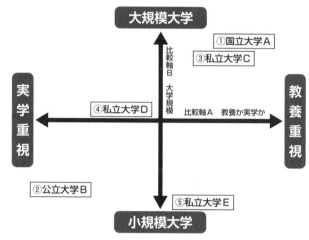

図4-7　2つの比較軸で、地元の大学の位置づけを比べる

「国公立大学」とひとまとめで括りがちですが、この2軸で比較してみると、国立大学Aと公立大学Bでは学びの環境がまるで逆のようですね。偏差値という1つの軸だけではわからない特色が、少し見えやすくなります。ただ、こうして大まかな位置づけを確認しただけでは、生徒は自分がどちらの環境に向いているのか、まだわからないと思います。この作業は、大学ごとに様々な違いがある、という事実を意識するためのものです。これを、「よし、この夏はA大学とB大学を見に行こう。それぞれ規模や教育ミッションによって、どんなメリット、デメリットがあるのか、自分はどちらにより興味をもつのか、検証しに行こう」……などと、進路学習の方針を立てるヒントとして活用すれば良いのです。

こうした事前の準備がないままオープンキャンパスに行っても、「A大学のオープンキャンパスは楽しかったな」といった、個々の感想だけで終わってしまい、それ以上の気づきにつながりません。

あるいは、オープンキャンパスに行って得た感想や気づきをもとに、各大学を分類してみても良いと思います。オープンキャンパスの事後指導で、この比較軸を活用するわけですね。大学に行ってみた後なら、より実感のこもった分類ができるはずです。

「2校を見てみたけれど、自分は小規模な大学よりも、色々な学生がわいわいがやがや集まっていて、雑然とした大学の方が合っているのかも。あまりアットホームでなくても、自分の場合は自由な雰囲気の方が良いかな。でも、教育内容としては、仕事に直結するような実学重視の内容が良いかな。企業と連携した教育を行っている大学の方が良い

な。だったら、大規模大学で、かつ実学重視の大学を次は見に行ってみようかな。そういう大学はどこにあるだろうか」……など、**比較する要素を意識しながら参加すれば、自分のモノサシへの理解もより深まりますし、結果的に併願校の検討も進みます。**

　生徒一人が参加できるオープンキャンパスには限りがあるでしょうから、何人かの生徒の気づきを持ち寄り、グループワークで分類作業をしてみても良いと思います。

　先ほどは「教養教育重視か、実学教育重視か」と「大規模大学か、小規模大学か」という2軸を例に挙げましたが、どのような軸を使うかは人それぞれです。

　さきほどの5大学を比較する際に、別の軸を使ってみましょう。学校規模の代わりに、「大人数・一方通行の授業」か、「少人数・双方向の授業」かという教育スタイルで比較してみることにします。いわゆるアクティブラーニングをどれだけ重視しているか、という観点です。現在の高大接続改革において、注目を集めている要素ですね。

　学生数の少ない小規模大学が、授業も小規模で行っているかと言えば、そうとは限りません。大規模な総合大学でも、学部・学科の単位で見れば、学生を少人数に分けて双方向型の授業を展開していることはあります。

　この5校での比較結果が、次の図のようになったとしましょう。

　やや実学寄りの中規模大学、という印象でしかなかったD大学が、この5校の中では飛び抜けてアクティブラーニングに熱心という結果となりました。このモノサシでD大学と他大学を比べれば、結果的には「自分にとってアクティブラーニング型の授業はどれくらい重要なのか」という気づきを得られるはず。まさに、偏差値では見えない大学の違いです。

　「教育スタイルで大学を比較する」というモノサシを最初から

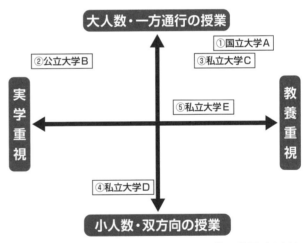

図4-8　先ほどとは別の2軸で、地元の大学の位置づけを比べる

もっている高校生は、現時点ではそう多くはないと思います。だからこそ、**高校教員の側から「こんな軸も今、重視されているよ」と提示してあげることも、ときには必要です。**一度、この観点で大学を比べてみれば、それが想像以上に大きな影響をもつ要素であることはわかるはずです。

　しかし、ここで大事な指摘をしておきます。

　「アクティブラーニングをどのくらい徹底して導入しているか」ということは、一般的なオープンキャンパスではおそらく判断できません。少なくとも、高校生向けの模擬授業だけでは、その要素は読み取れません。模擬授業をアクティブラーニングスタイルで行う

例はしばしば見かけますが、だからといって、普段の授業の大半がそうであるという保証はありません。もちろん、出張模擬授業でも同じです。

　大学案内やウェブサイトを見れば、おそらく5大学すべてに、キャッチフレーズとして「アクティブラーニングに力を入れています」といった記述はあるでしょう。実際の徹底度には大きな隔たりがあるとしても、です。

　アクティブラーニングの充実度は、学習者にとって極めて重要な要素です。それにもかかわらず、多くの高校生はその大事な要素に気づけません。残念なことですが、大学が力を入れている広報活動に、その要素が含まれていないからです。

　本書でたびたび取り上げている中退率や留年率、正規雇用率なども同様です。これらは大学案内やウェブサイトでもほとんど取り上げられておらず、オープンキャンパスなどでも基本的には知らされません。こうした点に気づかせ、必要な情報を得る方法を考えさせるためにも、事前指導、事後指導の工夫は大事です。

学校理解を深める指導に必要なアプローチ

× 「とりあえずオープンキャンパスに行ってみて、そこで気づいたことをまとめなさい」

　　→その生徒にとって最も重要な情報は、オープンキャンパスからは
　　　読み取れないものかも知れません

○ 「自分にとって大事なモノサシは何かと考え、それを知るために適切な情報源や機会を探しなさい」

　後述しますが、こうした違いを比較する方法としては、大学や外部の各メディアなどが公開している定量的なデータを読み解く方法と、実際に大学の教育や研究に触れて体験する方法の2通りがあります。中には高校生だけではアクセスしにくい情報や機会もあります。だからこそ高校側のサポートが必要です。高校側で適切に指導やサポートを行えば、大抵の情報にはアクセスできるはずです。

(7) ［ミスマッチ予防の工夫］③定量情報と定性情報の2点で検証

大学の教育力を比較する上で使える情報源は、大きく分ければ以下の2種類です。

大学の教育力を読み解く上で、使える情報

(1) ［定量的な情報］数字などのデータ

 （例）中退率、留年率
    教員一人あたりの学生数（ST比）
    少人数教育の徹底度（クラスごとの履修人数等）
    学生一人あたりの図書貸出冊数
    ゼミの開講状況、学生の参加状況
    留学者数、交換留学提携先
    外国人留学生数
    正規雇用率、就職先のうち一部上場企業の割合
    大学院進学率
    資格の合格率
    特定職種や業種への就職実績
    TOEFLなど、外部語学試験のスコアの伸び率
    アクティブラーニング型授業の浸透度
    学生・卒業生の満足度
       ：

(2) ［定性的な情報］実際に教育に触れる、体験する機会

 （例）「普段の授業」体験プログラム
    オンラインの授業公開映像（MOOC等）
    高大連携協定校での交換プログラム
    大学主催のハイレベルな研究体験プログラム
    特定分野を目指す高校生のためのサマープログラム
       ：

教育力には、数字でその成果が明確にわかるものもあれば、数字ではその価値がわかりにくいものもあります。たとえば、どのくらい就職しているかを知りたければ、就職率や実際の就職先などを調べれば良いでしょう（大学が公開する就職率は一般的に、見栄えが良くなるよう操作されていることが多いので、あまり鵜呑みにしないよう注意も必要です）。「少人数教育」というキャッチフレーズは多くの大学が広報活動で用いていますが、授業1クラスあたりの履修人数などが公開されていれば、具体的にどの程度、少人数なのかもわかります。グローバル教育に力を入れている、ということなら、留学者数やその行き先、受け入れている外国人留学生数、TOEFLスコアの伸びなどが参考になるでしょう。

一方、「アットホームで面倒見が良い教育」というキャッチフレーズはどうでしょうか。中退率や少人数教育の徹底度、ゼミの履修状況など参考になるデータはありますが、それだけでは伝わりにくい要素もあります。たとえば学生と教員の距離感や、実際の授業の雰囲気などです。

　「うちの先生は、楽しい場づくりをしながら、学生に学術的な議論の仕方を丁寧に教えてくれるんです。おかげで3年生にもなれば、みんな学生だけでアカデミックな議論ができるようになりますよ」「うちの先生は、学生一人ひとりの性格や将来の目標、いま悩んでいることなどを実に細かく把握していて、授業外の時間でも学生を見かけると声をかけたり、アドバイスしたりしてくれます。本当に面倒見が良いんです」……といった側面は、なかなかデータを眺めただけで判断できるものでもありません。でも、こうした部分が学生に与える影響は極めて大きいですよね。

　また教養教育、リベラルアーツ教育といった学びの魅力も、数字だけでは高校生が実感できないものの1つです。話で説明されただけでは、中学・高校の授業の延長のようにイメージしてしまう方もいるでしょう。

　データではわからない教育の価値は、どのようにすれば実感できるでしょうか。

　たとえば、在学生や卒業生に学生生活の話を聞くのも一手です。大学案内には、在学生へのインタビューが掲載されていることもありますね。でも、率直に言ってどの大学案内も、インタビューの掲載内容は似たり寄ったり。他人の話を聞いても、実感をもちにくいことはあります。

　教育や研究のリアルを知るために一番良い方法は、実際の授業を聴講したり、研究活動を体験したりすることです。前述の通り、普段の授業を公開している大学は増えていますし、高校生が個別に問い合わせれば聴講を認めてくれる大学もあります。高校側から依頼を受ければ一定人数の授業見学を受け入れる、という方針の大学もあります。

　【学問・職業理解】のページでも述べましたが、高大連携協定を結んでいる大学があるようなら、模擬授業よりも高度で、生徒のアタマにやや負荷をかけるようなプログラムの企画を依頼しても良いでしょう。実際、研究活動の体験や、ゼミへの参加などを企画する例も全国には少なからずあります。【学校理解】を深める上でも、こうした取組は効果的です。

　特別な高大連携協定を結んでいなくても、夏休みのサマープログラムや、医療系の職業体験など、高校生向けに少し踏み込んだ学びの場を提供している大学は全国にあります。高校生なら誰でも応募可能、という取組も多いので、地元の大学をあたってみてはいかがでしょうか。

　データと実際の体験、この両者を活用することで、大学の教育の違いはかなりの部分まで読み解けるはずです。たとえば前項で触れた「アクティブラーニングの充実度」を知りたければ、以下のような情報が参考になるはずです。

> （例）アクティブラーニングの充実度を知りたい
>
> ［定量的な情報］数字などのデータを活用する
> 　→　・大学が公表するアクティブラーニング型授業の実践比率
> 　　　・教員一人あたりの学生数（ST比）
> 　　　・少人数教育の徹底度
> 　　　……などを調べ、他大学と比較する
>
> ［定性的な情報］実際に教育に触れる、体験する機会を活用する
> 　→　・「普段の授業」体験プログラム
> 　　　・アクティブラーニング授業体験のイベント
> 　　　……などに参加し、実際の学びの様子を体感する

(8)［ミスマッチ予防の工夫］④「三つのポリシー」の実現度合いをチェック！

【学校理解】というけれど、どの程度、その理解を深めれば良いのでしょうか。何がわかれば、その学校を理解したと言えるのでしょうか。

とりあえずのゴールは、「三つのポリシーを具体的にイメージでき、それらがどのように学びの現場で実現されているかを検証できた」というところで良いでしょう。

前述しましたが、2020年度からスタートする高大接続改革で重要なキーワードになるのが、「三つのポリシー」です。

> （再掲）大学に策定・公開が義務づけられている「三つのポリシー」
>
> 【AP（アドミッション・ポリシー）】
> →入学者の受入れに関する方針
>
> 【CP（カリキュラム・ポリシー）】
> →教育課程の編成及び実施に関する方針
>
> 【DP（ディプロマ・ポリシー）】
> →卒業の認定に関する方針

入試改革に関わる、という理由もあってか、高校生や高校教員の注目は、APに集まりがちです。しかし学校理解において最も重要なのは「卒業時までにどのような能力を身につけさせるか」の定義であるDPです。これが大きく違えば、受けられる教育も大きく異なる、ということになります。

高校2年次の学校理解において、次に重要なのがCPです。DPで高い理想を掲げていたとしても、実際には実現できていない、という学校も珍しくありません。「グローバル人材の育成」とDPに書かれていても、実際にはむしろTOEFLのスコアが入学後から

徐々に下がっていく……という大学もあります。

「グローバル人材育成のために、具体的にどのようなカリキュラムや授業、学生支援制度があるの？」「実際、どのような成果が上がっているの？ データは？」と検証して初めて、CPとDPのつながりがわかります。

まずDPをチェックし、それをどのように実践しているかをCPと、具体的な施策やカリキュラム

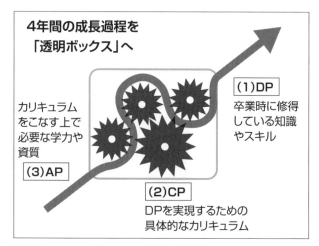

図4-9 三つのポリシーの関係（再掲）

で確認することが、高校2年次に最低限必要な【学校理解】です。こうした検証作業をまったく行わないまま受験まで突き進んでしまう高校生もまだまだ少なくないと思いますが、今後はすべての生徒にとって必須の作業になるはずです。

この作業は、情報リテラシーの教育でもあります。「大学はパンフレットでこう言っているが、実際はどうだろう？」と疑い、様々な情報を確認して検証する。こうした物事への向き合い方は、批判的思考、クリティカルシンキングなどとも言われ、今後の社会でますます重要になると言われています（批判的思考力の涵養、といった言葉を教育ミッションとして掲げる高校も少なくありませんね）。ミスマッチをなくす進路指導が、情報リテラシーを養う授業にもなるのですから、一石二鳥です。

さて、具体的なデータや体験を通じてDPとCPのつながりをイメージできたようなら、高校2年生の段階として、まずは学校のことをある程度理解できたと思って良いのではないかと思います。

2年次に大事なのは、「どのような学校が世の中にあるのか」というイメージをもち、「自分にはどのような学校が合うのだろうか」と、自分自身について考えを巡らせること

図4-10 キャッチフレーズと実態が違うことも…

です。APの理解は、高校3年生になってからでも良いと思います。身近な大学のDPもCPもよく検証していないまま、受験直前になって、慌ててAPだけチェックしても、本質的な理解にはなりません。2年次にこうした作業に時間をかけることが、出願先選びや、今後の大学入学者選抜への対応につながってきます。

┌─こちらも活用できます────────────────────────┐
▶【ワークシート】進学先のデータリサーチ用シート（2枚を比べて考える）（120ページ）
▶【グループワーク用シート】各校のデータを共有するワーク（121ページ）
▶【グループワーク用シート】進学先選びを考えるグループワーク①（122ページ）
▶【グループワーク用シート】進学先選びを考えるグループワーク②（123ページ）
▶【外部リソース】WEEKDAY CAMPUS VISIT（126ページ）
▶【外部リソース】『大学ランキング2019』（128ページ）
└──────────────────────────────────┘

4.5 【2年次④】【自己理解】を深める指導

(1)［従来型の進路指導では］自己理解の要素は欠けがち

現在、高校で行われている進路指導や、大学側が行っている広報活動に欠けているのは、【自己理解】の要素です。

よく知られていることですが、大学生の就職活動では、最初に「自己分析」という作業を行います。自分はこれまで何を学び、その過程でどのような能力を磨いてきたのか。どんなときにワクワクや、辛さを感じてきたのか。そのような振り返り作業を通じて、自分の仕事選びの「軸」を意識する工程です。仕事選びの軸は「キャリアアンカー」とも呼ばれ、会社選びや職種選びなどを行う上での重要な意思決定指針とされています。どれだけ様々な業界や企業のことを丹念に調べても、肝心の「自分のこと」を理解していなければ、自分に合った仕事や職場は探せないというわけです。

高校生の進学先選びには、就職活動の仕事選びとは様々な面で違いもありますが、共通する部分もあります。まったく自分のこれまでを振り返らないまま、表面的なイメージや、世間的な評判などだけで安易に進路を選んでいると、後でミスマッチが起きやすいという点は同じです。ここまでの項で【学問・職業理解】と【学校理解】について触れてきましたが、学問の中味を理解し、各学校の特色を知ったとしても、「自分は本当にその学問を学びたいのか」という点が抜け落ちていたら、残念な結果になるかもしれません。

たとえば看護師や保育士は、社会的にも意義のある、素晴らしい職業です。大変ながらも、やりがいの大きな仕事でしょう。現在は人手不足もあって雇用ニーズも高く、看護学部や幼児教育系の学部は全国的に高い就職率を記録しています。ただ一方、こうした職業には当然ながら向き、不向きもあります。

「血を見るのが苦手」「子どもがあまり好きではない」というくらいの明確なミスマッチ

であれば、そもそもこうした職業に向いていないだろうという想像は誰にでも容易につくでしょう。でも、「人手不足の医療現場も多いため、短い時間の中で効率的、同時並行的に次々と仕事を片付けていく要領の良さも求められる」「子どもの相手だけでなく、自分よりずっと年上の保護者に対しても、保育の専門家として相談にのったり、不安や不満に対応したりする対人スキルが必要」……といったレベルのミスマッチまで理解している高校生は、そう多くないのではないでしょうか。

事実、看護系の大学では実習が本格化する2〜3年生以降にミスマッチが顕在化し、中退してしまう学生も増えているそうです。コツコツ真面目に勉強するタイプなので大学入試には強く、基礎的な学習の多い初年次はまったく問題なかったのですが、実習を通じて医療現場のリアルに触れ、「私にはとても無理だ」と感じて辞めてしまうのです。

高校生に必要な【自己理解】というのは、こうしたギャップを埋めるために必要な知識を得たり、リアルに触れる体験をしたり、といった学びのことだと思ってください。

高校でも、企業などの協力を得て、職業体験のためのインターンシップを行っている学校は少なくありません。就職希望の生徒がインターンシップを経て、「憧れの業界だったけれど、自分のイメージとは違っていたな」とか、「自分の仕事観は甘かった」とか、様々な気づきを得ることには大きな意味があります。「期待以上に楽しかった。早く働きたい！」といった前向きな感想を持ち帰る生徒もいるでしょう。就職を目指す生徒にとってのインターンシップの意義は、多くの方が認めるとこだと思います。ところが進学となると、こうした気づきの機会は軽視されがちです。

学生とは、お金を払って大学や専門学校に「おもてなし」をしてもらうだけの消費者ではありません。学生自身が主体的な学習者としての姿勢をもってこそ、大学・専門学校が提供する授業や環境を活かすことができます。本書で言う【自己理解】には、このように「自分自身はどうなのだろうか」と自らの考え方や姿勢を問い直し、主体的学習者としてのスイッチを入れるという意味も含まれています。

（2）［生じがちな問題］高校教員だけでは限界もある？

『進路指導白書2017』は、全国の高校の進路指導責任者に対して調査を行い、多くの高校が実施している施策の傾向を調べています。結果、実施比率の高い施策には、「短時間に数多くの学問分野や大学・専門学校に触れ、一通りの情報をざっとインプットできる、単発イベント形式のもの」「すべての生徒に対し、平等に参加機会を提供するもの（全員参加）」……といった共通点が見られることがわかりました。

民間業者などにコーディネートを外注でき、学年の教員団だけでなんとか企画を成立させられる、という都合も優先される傾向にありました。人手、時間的な余裕、予算といったリソース不足に加え、「生徒や保護者から不満が出にくい」といった事情が背景にはあるのでしょう。

ただ、こうした施策だけでは、【自己理解】を深めるのは困難です。実は、実施比率は

低いものの、【自己理解】の領域にまで踏み込んでいると思われる取組を行っている高校も、全国で散見されました。それらには、「参加ハードルの高い、難しい内容に挑戦させており、生徒に学習負荷がかかる」「事前指導や事後指導に時間を割いており、一日では完結しない」「キャリア教育と連動しており、ただの単発イベントで終わらせていない」……など、実施比率の高い施策とは対照的な要素が数多く見られます。

　生徒はもちろん、企画する教員団にも、協力する企業や大学・専門学校にもそれなりの負荷がかかる取組です。すべての生徒に同じプログラムを提供することが難しいからか、希望者のみを対象にしている事例もありました。

　あえてこのような取組を行っている高校には、進路指導やキャリア教育に対する明確な理念や主張、こだわりがあるのだろうと思います。【自己理解】のための学習につながるこうした取組が、ぜひ多くの高校に拡がって欲しいと私は思います。そのためには高校側の負担を軽減する仕組みや工夫が大事だと思います。

実施比率の高い施策に 共通するポイント	実施比率の低い施策に 共通するポイント
学問の概要や、大学の特色をインプットするのが目的（キャリア教育とは分断）	自身の進路観を深め、自分の進路選択軸を意識させることが目的（キャリア教育からの一貫性）
単発のイベント企画	事前・事後指導などが必要で、一日では完結しない
民間業者などの外部組織が、企画やコーディネートを一括で請け負える	学校ごとのプログラム開発が必要など、一律にパッケージ化できない要素がある
どの生徒も不満なく楽しめるよう、参加ハードルや難易度が抑えられている	単なる模擬授業などに比べ、参加ハードルや難易度は高めである
「全員参加」にしやすい	生徒全員に同じメニューを提供するのが困難
短期間で、複数の大学に接触させやすい	特定の大学や専門分野をじっくり体験することを重視
受験までのスムーズな進行を重視する指導	進学「後」の成長を重視する指導
学年教員団主導の下、互いの短期的な経営メリットで成立する指導	学校間が、教育目的で対等に協力し合う必要がある指導

図4-11　高校の進路指導において実施比率が高い施策と、低い施策

（3）［ミスマッチ予防の工夫］大学が提供している機会を活用する！

　【自己理解】を深めるために必要なのは、お客様としておもてなしされるのではなく、学習者として本気で取り組む経験です。実際に大学で学ぶレベルの授業や研究など、参加ハードルが少々高く、参加者に負荷のかかるプログラムが効果的です。参加者同士のグループワークやプレゼンテーションが求められたり、実際の学生の発言や発表、教授と学

生のやりとりを聞く機会が盛り込まれていたりすると、なお理想的です。

実を言えば**多くの大学が、こうした機会をすでに用意しています**。夏期休暇中のサマープログラムや職業体験などはその典型例でしょう。高大連携協定を結んでいない高校の生徒であっても参加できます。

多くの場合、こうした取組に大学は相応の労力をかけています。大変な準備をし、高校生の進路の参考になるようにと、手の込んだプログラムを用意している大学は少なくありません。ただ夏期休暇期間中に開催されるものが多いからか、高校生にあまり認知されず、参加者があまり集まっていない取組も少なからずあるのが現状です。

内容的には【学問・職業理解】【自己理解】にフォーカスしたプログラムであるにも関わらず、特定の大学が主催する取組であることから、「自分の志望大学ではないから、私には関係ないか」と思ってしまう高校生もいるかもしれません。

また、高校の進路指導部の方で「この大学に進学する生徒はほとんどいないから」「入学難易度的に、あまり狙わせたい大学ではないから」と判断し、生徒に告知をしなかったり、大学から送付されたポスターやチラシを破棄したりという事例もあるようです。

たとえその大学を受験するつもりがなくても、学問や職業のリアルに触れられる貴重な機会ですから、活用しないのはもったいないと私は思います。企画のことを知りながら、参加を躊躇している生徒もいると思いますが、そういうときこそ「こんな取組が近所の○○大学であるらしいよ。あなたの進路の参考になりそうだよ。行ってみたら？」と、周りの大人が生徒の背中を少し押してあげるだけで、その生徒がミスマッチを起こす可能性はかなり減らせるのではないでしょうか。高校側で特別な予算や労力をかけずとも、【自己理解】のためにできることはあります。

なお、コラム＜「部活動最優先」の空気が進路学習に与える影響＞（80ページ）でも触れておりますが、こうした外部の取組を活用するにあたり、高校生の参加を阻んでいるもののひとつが、実は高校の部活動です。「自分の志望校が高校生向けのプログラムを日曜日に開催しているが、とても部活動の練習を休める雰囲気ではない」「一日でも部活動の練習を休むと、周りに迷惑がかかる」といった事情を抱え、周囲に気を遣って、外部プログラムへの参加を自粛している高校生が少なくないことも『進路指導白書2017』の調査に寄せられたアンケート結果でわかっています。進路指導部の先生は休日の取組を生徒に勧めたいが、部活動の各顧問が協力的でないといった声もあります。

こうしたプログラムにかかる時間は、長くてもだいたい数日程度。3年間の部活動のうち数日程度であれば、進学後あるいは生涯にわたる大事な進路のヒントを得るために、なんとか生徒をバックアップしてあげて欲しいと私は思います。そのためには、幅広い立場の大人の理解や協力が必要です。

（4）［ミスマッチ予防の工夫］「普段の授業」を高校生に公開する大学もある

大学進学を検討するすべての高校生にお勧めしたいのが、大学の「普段の授業」を聴講

する体験です。祝祭日などは高校の授業は休みですが、大学では授業時間確保の観点から、通常通り授業を開講している例が少なくないのです。こうした機会にキャンパスを訪ねれば、普段の大学の姿を誰でも見ることができます。

　大胆な高校生の中には、大きめの教室で行われているような大人数の講義にこっそり紛れ込み、大学生の中で勝手に聴講しているような方もいるかもしれません。昔からいる、いわゆる「モグリ」です。ただ、基本的に大学の授業は、たとえ単位の出ない聴講の形であれ、「聴講生」として登録した方しか参加できないルールになっています。もちろん大学教員の中には、こうしたモグリでの聴講を許容、または歓迎する方もおられますが、本書としてはあまり推奨いたしません。それに「勝手に入る」という方法では、大人数の講義の様子はわかっても、少人数での授業やゼミ、アクティブラーニング形式の授業、実習などに参加することは難しいでしょう。

　昨今では、大学の入試広報部などが、高校生からの聴講依頼に対応する窓口を設けているケースが増えているようです。おおっぴらに広報してはいなくても、ウェブサイトなどを調べてみると、「平日の授業やキャンパスを見学したい方はこちらまでご連絡ください」といった案内とともに、電話番号や問合せフォームが掲載されていることも。こうした窓口に相談する方が望ましいと思います。

　個人的には、**すべての大学進学希望者は、高校2年生の秋頃までに、一度はどこかの大学の「普段の授業」を体験することをお勧めします。**

　オープンキャンパスで対応してくれる学生は、基本的に「スタッフ」です。大事なイベントの運営を担うスタッフですから、事前に研修などのトレーニングを受けてもいるでしょう。そして模擬授業を受講しているのは全員、高校生です。

　しかし平日の普段のキャンパスには、普通の大学生がいます。ロールモデルにしたい理想的な学生がいたかと思えば、「あれ？」と思う学生も見かけるかもしれません。授業に参加すれば、教室の前方に真面目な学生が集まる一方、後方の座席では寝ている学生や、スマホを眺めてばかりの学生、私語に興じる学生などの姿もあるでしょう。こうしたリアルを見ることに意味がある、と私は思います。

　ただの学校見学ではなく、「私は何のために大学に行くのだろう」「私は大学に行って何をしたいのだろう、どのようになりたいのだろう」……と考える機会が、【自己理解】につながる気づきとなります。

　メリットばかりを述べましたが、「普段の授業」体験ならではの注意点もあります。

　まず、大学進学をまったく検討していないような高校生を、教員側の意向で無理矢理参加させるのは避けるべきです（【学校理解】のページでも述べました）。

　「専門学校進学や、就職を心に決めている生徒にも、一度は大学という場の様子を見せてあげたい」と考える先生は、少なくないと思います。教育者としての純粋な意図によるものでしょう。その想いにはとても共感します。

　ただ一般的に、大学の授業は90分間と長丁場。多少なりとも自分の進路に関わりのあ

る分野であったり、十分な事前指導を受けたりしたのなら、90分でも大丈夫だと思います。しかし大学に行くつもりがまったくない、または一切興味をもてない分野であるなら、生徒にとって辛く、退屈な時間になるでしょう。多少は大学の雰囲気を感じられるかもしれませんが、その程度であれば一般的なキャンパスツアーでも良いと思います。

大学側の厚意により授業に参加させてもらった生徒が、教授の視界の中で堂々と寝ていたり、一緒に来た友人と私語を始めたりしていたら……。周囲の大学生にとっても、授業をしている教授にとっても迷惑になってしまいます。高校に対する大学側の心証も悪くなりかねません。このような場で私語をしてしまう生徒にも問題はありますが、関心をまったくもてないプログラムに参加させられてしまっているのなら、本人も気の毒ではあります。

普段の授業の体験は、言うなれば「進学者向けの職場体験」のようなもの。進学するつもりがまったくない生徒を不本意に参加させても、受け入れ先だって困るはずです。

(5) [ミスマッチ予防の工夫] 進路面談で問いかけ＆つっこみを

【学問・職業理解】【学校理解】に比べ、【自己理解】のための学習機会が、進路指導の中で用意されているケースはまだ多くありません。そんな中、貴重な気づき・学びの機会にできるのが、担任教諭と生徒による（場合によっては保護者も加わる）進路面談です。

たとえば高校1、2年次の三者面談で、生徒の志望学部・学科を担任教諭が尋ねたとします。生徒が「心理学に興味があります」と回答したとしましょう。それに対して教員は、どのように対応するでしょうか。

「どの大学の心理学科を志望するんだ」「国立大学はねらうのか」などと、すぐに具体的な受験先大学の話に移行してしまう先生も少なくないのではと思います。「〇月までに、生徒全員の進路希望を一通り提出させないと……」といったスケジュールの都合もあるでしょうから、具体的な話を進めたい気持ちもわかります。

ですが、私がこの場面でお勧めするのは「心理学とはどういう学問だと思うか？」「心理学の内容とはそれだけか？それをどのようにして調べたのか？」「心理学を学んで、あなたはどうしたいのか？」……などと、担任から生徒へ問い返すやりとりです。

なぜならこのとき、かなりの確率で生徒は自分が挙げた学部・学科のことを誤解しているから。または、よく知らないまま喋っているからです。

| 「心理学に興味が」
「お前の成績なら、
A大学の心理学科は、
がんばれば十分狙えるぞ」
「がんばります」 | ➡ | 「心理学に興味が」
「それはいいな。
人の心を学んで、将来は
それをどう使いたいんだ？」
「え？ どういうことですか？」 |

図4-12 進路面談に「進路についての問いかけ」の時間を

別に、担任教諭が心理学について詳しくなっている必要はありません。必要なのは丁寧な解説やガイドではありません。そもそも、学士号の専攻表記は700種類もありますから、すべての学問を先生が把握するのは不可能です。もちろん、できれば地元の大学で学べる分野などは、すべての担任教諭が一通り知っておくと理想的なのですが、先生の側が完璧なガイド役を担おうとすると、かえって生徒の主体的な進路学習が損なわれる可能性もあります。「自分も完璧な情報はもっていない」という前提でいるのは大事です。

必要なのは、あくまでも「なぜそう思うの？」「より具体的に、詳しく教えて」……といった、「ちょっとしつこい聞き役」としての振る舞いです。私はいつも「突っ込み役になってください」と教員の皆様へお願いしています。これには、大学教育についての専門的な知識は要りません。身近な大人として、曖昧な点を問いただし、本人に「まだまだ自分の考えには甘いところがある。もっと考えなければ」と気づかせてあげれば良いのです。

前述しましたが、この「突っ込み役」を保護者にもお願いして良いでしょう。

私も、これまで4桁の高校生にこうした面談を行ってきました。自信満々に志望学部を述べていた高校生が、こうしたやりとりを経て、5分程度で志望を変える……なんてことはしょっちゅうです。正確に記録したわけではありませんが、体感としては過半数の高校生が、こうしたやりとりで少なからず進路を変えていたと思います。

こうした「問いかけと突っ込み」を一度も経ないまま、受験まで突き進んでいる高校生が多いのかと思うと、おそろしくなります。

毎年、一般入試のシーズンになると、今年は理高文低だ、文高理低だといったニュースが受験業界では流れます。全国の大学の出願状況などを分析した結果、どのような学部系統が人気ですよ、といった情報です。こうした情報は確かに、様々なデータをもとにした事実でしょうから、その内容を否定するつもりはありません。実際、面談開始前の時点では、その年の流行と思えるような学部・学科に生徒の人気が集中していることも少なくありません。

ただ面白いことに、上記のような「問いかけと突っ込み」を繰り返していると、生徒の志望学部は自然と様々な分野に分散していきます。どの学部が人気、といった偏りが減少し、あらゆる学部・学科が生徒の関心の対象になるのです。

高校生からの人気、不人気を気にする大学関係者は少なくありません。「うちは○○学系だから、志願者集めが大変だ」「高校生にいま人気なのは○○学らしいから、学部を新設する計画だ」といった声をよく聞きます。ただ、そうした判断をする前に、まず高校生の【自己理解】を深めるための支援策を考えてみても良いのではと思います。本当は高校生の学びたいことに対応できるのに、多くの高校生がそれに気づいていないだけ、ということもあるのではないでしょうか。

本書で繰り返し述べていますが、高校教員の多くは大学進学後の中退や留年がここまで多いことを知りません。大学側が積極的には発信しないからです。だからこそ面談等で

も、「本当にその進路で良いの？」という検証にあまり注意が払われてきませんでした。だからこそ、面談の仕方に工夫が必要です。少し工夫を加えるだけで、【自己理解】を深める機会が生まれ、ミスマッチを大幅に解消できる可能性があります。

> こちらも活用できます
> ▶【ワークシート】進路面談のための事前提出用シート（124ページ）
> ▶【外部リソース】WEEKDAY CAMPUS VISIT（126ページ）
> ▶【外部リソース】各大学による、高校生向けプログラム（127ページ）

4.6 【2年次⑤】大学入試システムに関する指導

（1）［従来型の進路指導では］受験生モードに切り替わることを期待

　高校2年生も、年を越して1月になれば、大学入試センター試験までおよそ1年。仮にAO入試や推薦入試などを利用する場合、高校3年生の夏明けには出願が始まりますから、出願校の選定や志望理由書などの準備などを考えると、あまり時間はありません。

　さあ受験生モードにスイッチを切り替えて……と言いたいところですが、焦っているのは教員の側だけで、生徒の方はなかなか実感がわいていないことも多いでしょう。そこで多くの高校が、「新3年生」という意識をもってもらう意図も込めて、この時期に大学入試の仕組みに関する講演やガイダンスなどを企画されているようです。その目的は、大まかに言って以下の3点です。講演の場合、予備校など受験産業のゲストを招くこともあるでしょう。

・入試システムの概要を解説すること
・自分がどの入試を使って大学を目指すのか、考えさせること
・受験勉強に対して危機感を抱いてもらうこと

（2）［生じがちな問題］先生の意図が過度に出てしまうと……

　様々な高校の進路指導の様子を拝見していて感じますが、率直に言って、この時期の進路指導は、ちょっと強引な進め方であることが多いようです。

　たとえば「国公立を狙わせたい」「最後まで勉強させたい」といった高校側の意図が強く出過ぎるあまり、生徒全員に一般入試を勧め、推薦入試やAO入試は「逃げだ」と決めつけるような言い方になっていたり、「模試の成績を見る限り、このままでは地元の私大にも受からない」などと、特定の大学を引き合いにしながら、入学難易度（偏差値）による序列を意識させたり。

　全体としては、合否に関する情報に偏りがちです。どんなことを学びたいかという問いかけよりも、「勉強しないと受からないぞ」という、焦燥感を煽るような言い方が多用さ

れる傾向を感じます。

　ただ、こうしたやり方で生徒が大学に合格するなら苦労はしません。進路ガイダンスのページでも述べましたが、生徒の側からすれば、やりたいスポーツが曖昧なまま筋トレだけ強いられているような状態ですので、やっぱり意欲に火は付きません。3つの理解が不十分なままだと、「とりあえず受験勉強はするけどミスマッチ候補生」という状態になります。強引すぎる指導はミスマッチをなくすどころか、むしろ増やしてしまいます。

(3)［ミスマッチ予防の工夫］大学側の思惑を、生徒にもイメージしてもらおう

　この時期の生徒に伝えたい内容は2点です。

　第一に、「大学が、それぞれの入試に何を期待しているか」という話です。一般入試、公募制推薦入試、指定校制推薦入試、AO入試、ほか様々な入試がありますが、入試で問われる力や資質はそれぞれ異なります。

　入試ごとに、「測っていない資質」もあります。たとえば一般入試生の場合、基礎学力は入試で測っており、進学後にも継続的にそれを発揮することを期待されていますが、進学先での学習意欲や、双方向型授業への適性などは未知のままです。この要素が原因でミスマッチを起こさないかと、大学側も実は不安に思っているのです。

　大学で学ぶなら、基礎学力も、入学先への深い理解も、将来への目標も、高校生活の振り返りも、アクティブラーニングやPBLといった入学後の学習スタイルへの適性も、すべて必要です。どれか1つだけで良いわけがありません。**どの入試方式を選ぶにしても、大学入学時にはすべて備えておくべき資質なのです。**そのことを生徒にも伝えてください。

表4-12　（一般的に）大学が各入試での入学者に期待すること

	入試で測り、入学後の継続的な発揮を期待している要素	入試で測らないため、不安を残している要素
一般入試	・一定水準以上の基礎学力 ・入試期間に向けて努力を続ける学習姿勢	・その大学および学部・学科での学習意欲 ・アクティブラーニングやPBLなど、学習スタイルとの適性
推薦入試	・コツコツ努力できる姿勢、真面目さ、安定性 ・学校での様々な活躍 　（部活動や生徒会など）	・アクティブラーニングやPBLなど、学習スタイルとの適性
AO入試	・志望する大学及び学部・学科への深い理解 ・将来の明確な目標 ・高校時代の挑戦経験と、そこから気づきを得ようとする姿勢	・基礎学力
高大接続型入試（例）	・アクティブラーニングやPBLなど、入学後の学習スタイルへの適性	・基礎学力

第二に、各大学の中退率や留年率です。これまでの卒業生が主に進学してきた大学や学部について、その中退率や留年率などを、2年生のこの時期に確認させるべきです。

　3年生の学習目標を「入試への合格」に設定するのは危険です。楽な入試を選ぼう、推薦枠で確実に入れる大学を選ぼうといった発想で進路を選ぶ可能性があります。入試に合格したら勉強をやめて遊んでしまう、という結果にもつながります。

　それを防ぐためにも、この2点の話が効果的です。

　一般入試での進学を考えている生徒は、進学後の学びについても今のうちにしっかり考えておくこと。AO入試での進学を検討している生徒には、基礎学力不足が理由で望まぬ中退や留年をしている大学生が少なくないことなどを伝えましょう。早期に合格を得た後の継続的な学習にもつながります。

　どの入試を選んでも、最後まで勉強するのは同じ。これが前提です。最終的にはすべてを学ばなければならないのですから、その意味では楽な入試などありません。

4.7 2年次の進路指導に役立つワークシート

(1)【ワークシート】学問リサーチシート(大学・短大)

　文理選択後という前提で、より詳細な学部・学科のリサーチを進めるシートです。進路選択のあり方そのものを考えさせる意図で構成しています(シートを複数枚ずつ配付し、少なくとも3つの分野について調べさせることを推奨します)。

(2)【ワークシート】専門分野リサーチシート(専門学校)

　(1)の専門学校バージョンです。進学＝職業選択になる現実を踏まえ、職業理解を重視した内容にしています。

(3)【ワークシート】進学先のデータリサーチ用シート(2校を比べて考える)

　重要なデータを調べさせることを意図したシートです。

(4)【グループワーク用シート】各校のデータを共有するワーク

　進学先の教育に関する重要データについて理解を深め、進学先選びのあり方自体を考えさせることを意図したグループワークです。

(5)【グループワーク用シート】進学先選びを考えるグループワーク①

　【学校理解】【自己理解】の2点を考えさせるワークです。様々な大学・学部の進学後の実態をリサーチさせることを意図しています。

(6)【グループワーク用シート】進学先選びを考えるグループワーク②

　【自己理解】について考えてもらうことを意図したワークです。

(7)【ワークシート】進路面談のための事前提出用シート

　高校2年間の進路学習、総まとめとなるシートです。2年生の春、または1年生の冬など、早い時期に配付しておいても効果的です。

(8) すべての高校生の保護者様へ

　保護者へ配付いただくことを想定したプリントです。

【ワークシート】学問リサーチシート（大学・短大）

　　　　　　　　　　　　　　　年　　　組　　氏名

■関心のある学問分野（学部・学科）を選び、その内容について自分の言葉で説明してください。

学問（もしくは学部・学科）の名称　：	
その学問分野では、どのようなことを学ぶのですか？	
その学問を修めることで、どのような力が身につきますか？	
その学問で研究されているテーマを3つ挙げてください。	1： 2： 3：
上記の説明は、どこで得た情報に基づくものですか？	少なくとも3つの情報源を具体的に挙げてください。 例）・○○大学のオープンキャンパスで受けた模擬授業　・○○という書籍 　　・○○という教材 ・ ・ ・
大学の普段の授業は見学しましたか？	・はい　　　　・いいえ　　　　・まだ見学していないが、参加する予定である ・見学したいが、その機会がない　　　・見学の必要はないと考えている
あなたにとって、その学問の最大の魅力は何ですか？	
将来、実現したいことはありますか？	
この学問を学ぶ上で大切な高校教科ベスト3を、あなたの考えで挙げてください。	1：　　　　　（理由：　　　　　　　　　　　　　　　　　） 2：　　　　　（理由：　　　　　　　　　　　　　　　　　） 3：　　　　　（理由：　　　　　　　　　　　　　　　　　）
より知りたい点、疑問に思う点を教えてください。	

【ワークシート】専門分野リサーチシート（専門学校）

　　　　　　　　　　　年　　　組　　氏　名

■関心のある専門分野（科・コース）を選び、その内容について自分の言葉で説明してください。

専門分野（科・コースなど）の名称　：	
その専門分野を学ぶことで就ける職業を教えてください。	職業名：
その職業の日々の業務内容を最低でも3つ、教えてください。	1： 2： 3：
上記の説明は、どこで得た情報に基づくものですか？	少なくとも3つの情報源を具体的に挙げてください 例）・○○専門学校のオープンキャンパスで受けた模擬授業 　　・○○という書籍 ・ ・ ・
専門学校の普段の授業は見学しましたか？	・はい　　　・いいえ　　　・まだ見学していないが、参加する予定である ・見学したいが、その機会がない　　　・見学の必要はないと考えている
あなたにとって、その専門分野の最大の魅力は何ですか？	
あなたにとって、その専門分野に進む上での心配な点、不安な点は何ですか？	
その専門分野を学ぶ上で大切な資質ベスト3を、あなたの考えで挙げてください。	1：　　　　　（理由：　　　　　　　　　　　　　　　　） 2：　　　　　（理由：　　　　　　　　　　　　　　　　） 3：　　　　　（理由：　　　　　　　　　　　　　　　　）
より知りたい点、疑問に思う点を教えてください。	

【ワークシート】進学先のデータリサーチ用シート（2校を比べて考える）

　　　　　年　　　組　氏名　　　　　　　　　

あなたが学びたいこと		
学校名		
学生数	約（　　　　　　）人／非公表	約（　　　　　　）人／非公表
教員一人あたりの学生数（※）	約（　　　　　　）人／非公表	約（　　　　　　）人／非公表
留年率（※）	約（　　　　　　）％／非公表	約（　　　　　　）％／非公表
中退率（※）	約（　　　　　　）％／非公表	約（　　　　　　）％／非公表
正規雇用率（※）	約（　　　　　　）％／非公表	約（　　　　　　）％／非公表
大学院等進学率（※）	約（　　　　　　）％／非公表	約（　　　　　　）％／非公表
卒業までの総学費（※）	約（　　　　　　）万円	約（　　　　　　）万円
実際に訪れてみて受けた印象		
あなたにとっての、学習上の最大の魅力		
入学後に挑戦したい活動やプログラム		
自分には合わないかもと感じた点や、心配な点		
あなたの進学先選びで最も大事なこと（現時点での考えを自由に記入してください）		

・大学の場合、自分のチャレンジ校（入学難易度が高い学校）、実力相応校（努力を続ければ合格圏内に入れる見込みの学校）、安全校から最低でも2校ずつ、計6校以上のリサーチを推奨します。
（※）可能な限り、志望する学部や学科、科やコースなどの数字をお答えください。

【グループワーク用シート】各校のデータを共有するワーク

　　　　　年　　　組　氏名　　　　　　　　　　

1. 各自が調べたデータをグループ内で共有してください。

2. データをもとに、各校が以下の図のどこに位置づけられるか話し合い、決めてください。

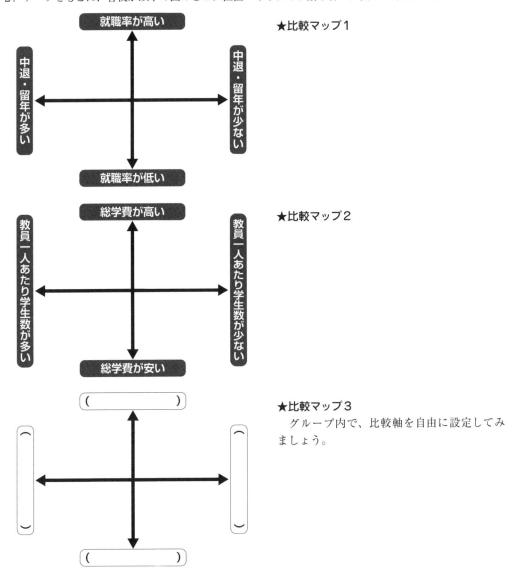

★比較マップ1

★比較マップ2

★比較マップ3
　グループ内で、比較軸を自由に設定してみましょう。

3. グループ全体でリサーチできなかった領域はありましたか？

4. 「自分に合いそう」と思うのは、どのような学校ですか？

【グループワーク用シート】進学先選びを考えるグループワーク①

　　　　　年　　　組　氏名　　　　　　　　　　

1. 志望校選びに悩んでいる3人の高校生がいます。あなたの親戚です。
    このうち1人をグループで選び、その方に対するアドバイスを自由に考えてください。
    ・いかなる情報を使っても構いません。
    ・アドバイスはグループでまとめ、用紙に書き出してください。後で全体へ共有します。

A	・埼玉県在住／女性／理系／高2 ・女性が地元で働き続けられる、という理由で薬学部を検討中 ・一般入試の勉強に自信がないので、指定校枠での進学を検討 ・保護者にお金の負担をかけたくないため、自分で貸与型の奨学金を借りて進学する予定
B	・大阪府在住／男性／文系／高2 ・国立大学志望。「併願校は関関同立から適当に」と考えている ・学びたいことは特にない。「世間の評価が高いから」という保護者の意見により、法学部を検討中 ・ちょっと内気な性格。アットホームな今の高校は自分に合っている。大学では友達づくりがとても不安
C	・熊本県在住／女性／高1 ・英語が得意。海外留学や、休学しての海外インターンシップなどにも関心あり。将来は途上国と日本の架け橋になりたい ・ビジネス誌を愛読。起業などにも興味あり ・一方的に話を聞く授業は退屈だが、議論や発表などの時間はとても楽しい

2. 全グループから出されたアドバイスの中で、「これは特に良いアドバイスだ！」
    ……と思ったものを各自選び、シールを貼ってください（いくつでも構いません）。

【グループワーク用シート】進学先選びを考えるグループワーク②

年　　組　　氏名

1．志望校選びに悩んでいる高校生がいます。まずは個人で2分間、アドバイスを考えてください。
　　・アドバイスは1つに絞らず、できる限り様々な種類のものを数多く考えてみましょう。
　　　思いついたアドバイスは、1つにつき1枚の付箋紙に書き出してください。

ある高校生からの進路相談

・高2女子（17）で、あなたの親戚。古典や歴史が好きだったが、入試のことを考え、「英語の成績が良くないから」という理由で理系コースを選択した。
・特に大学で学びたい内容は思い浮かばない。「女の子は資格が取れる学校が良い」と母親から言われ調べていたら、ちょうど近所に理学療法学科をもつ学校があった。
・オープンキャンパスに行ってみたところ、キャンパスがキレイで気に入った。一般入試は嫌だが、いま通っている高校に指定校推薦枠がある。

この大学に決めようと思うけど、どう思いますか？……と相談されました。
どうアドバイスしますか？

2．グループ内で、それぞれが思いついたアドバイス（付箋紙）を模造紙に貼り、内容や種類が似ている、と思われる付箋紙を同じグループとしてまとめてください。

3．全グループから出されたアドバイス（付箋紙）を各自で見て回り、「これは特に良いアドバイスだ！」……と思ったものにシールを貼っていきましょう（いくつでも構いません）。

【ワークシート】進路面談のための事前提出用シート

　　　　　　　　　　　　　年　　　組　　氏　名

■これまでの学問・職業理解、学校理解、自己理解を振り返る

	検証のために実行したこと	現時点での希望／不安
学問理解／職業理解		
学校理解		
自己理解		

■現時点での志望校

	学校、学部・学科・コース	志望する理由	より知りたい点
チャレンジ校（1）			
チャレンジ校（2）			
実力相応校（1）			
実力相応校（2）			
安全校（1）			
安全校（2）			

■進路について現時点で持っている不安や疑問を、何でも自由に書いてください。

第4章　高校2年生の進路指導

すべての高校生の保護者様へ

倉部史記（進路づくりの講師、NPO法人 NEWVERY 理事）

> 現在、全国の大学・短大・専門学校で毎年 11〜12 万人の学生が中退しています。大学入学者が 100 人いれば、うち 12 人は中退、別の 13 人は留年、30 人は就職せず卒業、14 人は就職後 3 年以内に離職しています。大学を 4 年間で終え、卒業と同時に就職し、そこで 3 年以上働いている人は 31 ％に過ぎません。中退率は学校や学部によって差があり、中退率 30 ％以上という大学・学部もあります。
>
> なお専門学校の中退率は 21 ％と大学より高く、学校による差も大学以上に大きいのが現状です。現在は受験時より、進学後に失敗する方が少なくありません。後悔しない進学先検討が大事です。※

■ご家庭へのお願い
・進学においては、ご本人の「本気で学びたい」という意志が何よりも重要です。
　進学ミスマッチにつながる予兆として、ご本人の以下のような傾向にご注意ください。

　□ 複数の学校を比較せず、1〜2校をイベントなど見ただけで決めている
　□ 「確実に入学できるから」「指定校枠があるから」などの理由で進学先を決めている
　□ 「繁華街に近い」「キャンパスがキレイ」「学生スタッフが明るくて楽しかった」など、
　　 学校選びの理由が表面的である
　□ 関心が勉学ではなくサークルやアルバイトなど、キャンパスライフの過ごし方ばかりに集中している
　□ 志望学部で専攻する学問がどのような内容なのか、自分の言葉で説明できない
　□ 自分自身に希望の進路がなく、周囲の大人が勧めた進路をそのまま受け入れている

■ご家庭で、高校卒業後の進路について話し合う際のポイント
・保護者の皆様にはぜひ、「答え」ではなく「問い」を与える役回りをお願いします。
　たとえば以下のようなやりとりをしていただくだけでも、本人の気づきは深まっていきます。

　　例）本　人「心理学科にしようと思う」
　　　　保護者「それは良いけれど、なぜ心理学なの？」「それを学んで何をしたいの？」
　　　　　　　「ところで心理学って、具体的にはどんなことを 4 年間で学ぶの？」
　　　　　　　「入学後の授業は本当にイメージ通りなのかな。心理学についての本を読んでみた？」

・保護者としてではなく、一人の社会人としての立場で、「今後の自分の仕事やキャリアについて、日々何に悩み、何を考えているか」「今後に向けてどのような成長の努力をしているか」といったお話しをお願いします。

※特定非営利活動法人 NEWVERY『中退白書 2010』（2010 年）、山本繁『つまずかない大学選びのルール』（ディスカヴァー・トゥエンティワン）2013、読売新聞「大学の実力」調査結果　等

4.8 2年次の進路指導に使える外部リソース

(1)【プログラム】大学の「普段の授業」を体験する「WEEKDAY CAMPUS VISIT」

・URL　https://wdcv.net/

　WEEKDAY CAMPUS VISIT（ウィークデー・キャンパス・ビジット。通称WCV）は、NPO法人NEWVERYが2013年にスタートさせた取組です。文字通り、通常の授業が行われている日に高校生が大学へ行き、「普段の授業」を大学生と一緒に聴講するというもので、現在、全国各地の大学で企画運営されています。

	オープンキャンパス （イベントとして特別に演出）	WEEKDAY CAMPUS VISIT （普段のままの大学に参加）
授業内容	・高校生のために用意された模擬授業 ・先生の講義を聞くだけのものが多い	・普段と同じ授業、学生が受講している実際の授業 ・ゼミ形式などの参画型の授業もあり意見を求められることもある
目的	・大学に関する基本的な情報や、学生気分を感じることができる	・学びの様子を自分の目で見極め、体験し、進路選択に活かす
先輩の姿	・大学のことを説明してくれる役割 （いつもの学生とは違う姿）	・授業中の学生の様子を自分の目で観察することができる
参加姿勢	・お客様、見学者	・学習者

図4-13　NEWVERYによる、オープンキャンパスとWCVの違い

　ただ聴講するだけではなく、授業前に行うガイダンスや、授業後に参加者同士で行う振り返りワークなど、高校生の進路理解を深めるプログラムとして行われている点も特徴。学生募集を主な目的とするオープンキャンパスとは異なり、WCVは高校生の進路学習に役立つためのものとして企画されています。NPOが定めた運営ルールがあり、自校の受験を過度に勧める案内などはされません。そのためキャリア教育や進路指導の学年行事として採り入れる高校や、WCVへの参加を公欠として認める高校もあります。

　大教室での講義だけでなく、少人数制のゼミや実習・実験、アクティブラーニングスタイルでのグループワーク型授業などを公開する大学もあります。本書で言う【学問・職業理解】【学校理解】【自己理解】すべての役に立つはずです。

　高校生が個人で参加する場合、祝祭日などに各大学が開催する回を探して、ウェブサイトから事前申込をすることになります。ゴールデンウィークや7月の「海の日」、10月の「体育の日」など、多くの大学がWCVを開催するタイミングがありますので、その機会

を逃さないように注意が必要です。

　大学の授業運営に支障が出ないよう、ほとんどの場合、受入定員が設定されています。大学や学部によっては受付開始から、早々に定員が埋まってしまうこともあるようです。

　「高校の進路指導部から相談を受ければ、その高校の生徒のためだけにWCVの実施を検討します」という大学もあるようです。

(2)【プログラム】各大学による、高校生向けプログラム

　オープンキャンパスは、大学の概要や雰囲気を体験する1日完結のイベント。教職員による大学紹介や高校生向けの模擬授業、キャンパス見学ツアーなど、気軽に参加できる企画が中心ですので、高校1年生でも十分に楽しめるでしょう。お客様として大学の雰囲気を楽しむ、お祭りのようなイベントと言えます。

　それとは別に、参加のハードルがやや高めの企画も大学は行っています。1日～数日間、ときには数か月間にもわたって大学レベルの授業や研究に取り組む、高校生向けのプログラムなどです。

　京都大学が「高校生向けの知的卓越人材育成プログラム」という趣旨で高校生向けに企画・実施している「ELCAS」を例に挙げましょう。

・URL　http://www.elcas.kyoto-u.ac.jp/

　ELCASは理系・文系の各分野で開講されています。少人数制のため選抜がありますが、合格すれば2～3か月間にわたる日程の中で京都大学のキャンパスに通い、様々な講義や、研究室での実験・演習に取り組むことができます。

　実習や演習は京都大学の保有する施設や設備を使って実施。担当教授をはじめとする教員のほか、大学院生や学部生が参加者約2人に対して1人つき、指導にあたります。

　参加者にもそれなりの負荷がかかると思いますが、先端研究に触れる機会もあり、かなり贅沢な内容だと言えるでしょう。

（※情報は2019年1月時点でのものです。詳細はELCASウェブサイトをご参照ください）

　オープンキャンパスなどで行われる模擬授業には、大学1～2年生向けの初歩的な内容を元にしたものも少なくありませんが、ELCASのようなプログラムでは大学3～4年生、ときにはそれ以上の学生が取り組む内容を扱うこともあります。グループワークやプレゼンテーションなどを盛り込んだプログラムも少なくありません。表面的な印象だけではわからない、リアルな研究や学びを体験できるからこそ、【学問・職業理解】はもちろ

ん、【自己理解】を深める役にも立つのです。

京都大学ELCASはプログラム実施期間としても内容としても、ハードな部類になると思いますが、このように長期間のプログラムは、他大学でもしばしば企画されています。

たとえば首都大学東京は一部の学科で、専門分野の講義や実験、演習で構成された数日間の高校生向けゼミナールを開講し、毎年多くの参加者を集めています。ゼミナール参加者の中で、首都大学東京への入学を希望する高校生を対象にした「ゼミナール入試」というAO入試も実施。その際は、ゼミナールでの履修成績も選抜の評価に使われます。

高校生向けの高度なプログラムと、そこからの特別入学者選抜を組み合わせた取組は、高大接続改革の中で注目を集めており、今後も事例が増えていくものと思われます。

なお夏期休暇期間中のサマープログラムは、1〜3日程度で完結するものが多く、広く様々な大学で実施されています。とは言え、大学教員による講義や実習のほか、参加者同士のグループワーク、プレゼンテーションなどの機会を盛り込んでいるものはやはり多く、それなりに負荷はかかります。大学進学を希望する生徒は、高校3年間のどこかで、一度はこのレベルのプログラムに参加することをお勧めします。学習者としての負荷がかかるプログラムであるほど、【自己理解】を深める上では、気づきが多いはずです。

(3)【書籍】『大学ランキング2019 (AERAムック)』(朝日新聞出版)

86種類ものランキングを通じて、大学の様々な個性を伝えてくれる書籍です。毎年、最新のデータを揃えたバージョンが発売されています。

学長からの評価、高校教員からの評価といった総合評価ランキングをはじめ、就職実績や教育環境、研究実績、財政、入試、社会への発信度など、その評価軸は多岐にわたります。「メディアへの発信度ランキング」「知事、市長の出身ランキング」など、他では見られないユニークなものも。

膨大な情報が掲載されており、パラパラと眺めているだけでも興味深いのですが、「自分の場合は、どのようなモノサシで大学を測るべきなのだろうか?」「結局のところ、自分は大学に何を求めるのだろうか?」……といったことを高校生に考えさせる教材としても、本書の活用はお勧めです。

「本書に記載されているランキングの中で、自分の進学先選びにとって重要だと思うものを5つ選び、それを選んだ理由と合わせて、他のメンバーと共有してみよう」……といったグループワークは、【学校理解】や【自己理解】に役立つと思います。

(4)【データ】各種ランキングの活用法

　前出の『大学ランキング2019（AERAムック）』をはじめ、大学の評判を知る上で参照される情報源の1つが、様々な大学ランキングです。

　各ビジネス誌は、就職率や有名企業への就職者数、企業人からの評価などに基づく独自の大学ランキングをしばしば特集し、読者の関心を集めています。

　英国の教育専門誌『タイムズ・ハイヤー・エデュケーション（THE）』は、複数の評価指標を独自に組み合わせた世界大学ランキングで知られています。近年、ベネッセグループの協力で「THE 世界大学ランキング 日本版」の発表を始め、こちらも話題となりました。

　最も世間が関心をもつランキングは、おそらく入学難易度（偏差値）でしょう。各社が模擬試験などの結果に基づいて算出した入学難易度は、週刊誌などをはじめ様々なメディアでもしばしば取り上げられます。「受験生から人気がある大学＝世間的に評価が高い大学」と考える方は少なくないようです。志願者数ランキングや、高校生から見たブランド力ランキングなども、この点では似ていますね。

　このように様々な企業やメディアが、大学をランク付けしています。高校生がこうした情報を参照する際、気をつけておくべきポイントが3点あります。

進路学習の中で大学のランキング情報を活用する際のアドバイス

（1）総合評価よりも、個別の指標に基づく評価を参照しよう
（2）複数の評価軸を見ながら、多面的に大学の実力を判断しよう
（3）自分にとって意味のある指標を使おう
（4）ランキングだけでリサーチを終えてはいけない。次は別の情報を使って高評価の理由がどこにあるのか、その大学の教育研究の姿を深く掘り下げてみよう

　多くの大学ランキングは、複数のデータを独自のルールでスコア化しています。その上で、大学を様々な角度から評価しようと、複数のスコアを合算した総合順位を出しています。

　たとえば、あるランキングは「教育力」「研究力」「国際性」「企業からの評価」「財務の健全性」という5つの指標に基づいて作られているとします。研究力の評価なら論文引用度指数、国際性なら留学生や外国人教員の比率など、それぞれスコアの元になる数字が存在しているはずです。

　でも、大学選びのモノサシは人それぞれ。なかには「産業界からの評価はとても気になるが、外国人教員の比率はあまり自分にとって重要ではない」という方もいるでしょうし、優先順位がまったく逆の方もいるはずです。世界的な研究成果を出していることよりも国家試験の合格率の方が私にとっては大事という方もいれば、そうでない方もいます。

　雑誌などを購読する一般生活者からすれば、見てわかりやすく、興味を引かれるのは総

合ランキングの順位だと思います。ですが真剣に進学先をリサーチしなければならない高校生にとって、総合順位の「わかりやすさ」は、ときに危険です。

「国際性のスコアで高い評価を受けているのはどの大学かな」など、個別の評価軸の順位を参考にした方が得るものは多いはずです。

そして複数の評価軸を見ながら、多面的に大学の実力を判断することも大事。たとえば「留年比率が高い大学ランキング」と「企業からの評価が高い大学ランキング」という2つの情報があったとして、両方とも上位は同じ顔ぶれの大学だったとしたら、どう思いますか。厳しく鍛えてくれる大学だ、と高く評価する高校生もいれば、「奨学金が返せなくなるかも」と敬遠する高校生もいるかも知れません。大学の姿を立体的に捉えることで、それぞれにとっての大学選びの結果は変わるでしょう。

最後にもう1点。ランキングは、多くの大学の中から、自分のモノサシに引っかかりそうな大学群を見つけ出すキッカケになります。でも進路学習においてより大事なのは、その高評価の理由や背景を知ることです。「企業からの評価が高い大学には、アクティブラーニングに力を入れている学校が多いのだな」とか、「国際性の評価が高い大学のパンフレットを見たら、独自の留学制度をもっていた。ここが他大学と違う強みなんだな」とか、個別のリサーチを加えることで気づけることは多いはず。そのように使えば、大学のランキングは良い教材にできると思います。

コラム　広がり始めた「育成型入試」の取組

　大学が高校生に対して行う広報活動の目的は、第一に志願者数の獲得。一人でも多く志願者を増やすことが、入試の競争倍率や入学難易度（偏差値）を上げ、ひいては大学のブランド力を上げることになる……多くの大学が、そのように考えています。

　そんな中、「学生一人ひとりの、入学後の後悔やミスマッチを最小にする」ということを目標に掲げた取組が、一部の大学で始まっています。

　大阪府の追手門学院大学が 2014 年に開始した「アサーティブプログラム」はその代表例です。研修を受けた大学職員が個別面談を通じて、大学で何を学びたいかを高校生に問い直し、考えさせるプロセスが用意されています。「心理学を学びたいと言うけれど、その心理学を通じてあなたは何がしたいの？」「本学だけではなく、他の大学もちゃんと見て志望校を考えなければいけないよ」……など、本人の学びや気づきを促すやりとりが特徴的です。高校生なら誰でも参加可能です。プログラム参加者を対象にした入試制度「アサーティブ入試」と合わせ、育成型入試の試みとして注目を集めています。

　福岡県の九州産業大学は、2017 年度から「育成プログラム」と銘打った育成型入試を始めました。大学の「普段の授業」を高校生が大学生に混じって受講し、レポートを提出します。遠方の場合はオンライン授業も受講できます。研修を受けた職員が、レポートの内容も踏まえながら面談を行います。さらにその後、高校生が在籍する高校を職員が訪問し、面談結果を共有します。それを高校の先生から、生徒本人へフィードバックしてもらう……という仕組みです。大学と高校生の間でどのようなミスマッチが起きているかを高校の現場が把握でき、生徒の指導に活かせるという点が高校からも好評のようです。

　両大学に共通するのは、入学後のミスマッチに対する問題意識です。せっかく入学してくれた学生が様々な理由で学習意欲を失い、退学してしまったら、たとえ志願者数が増えても、それでは本人にとっても大学にとっても、社会にとっても良い結果とは言えない……そんな問題意識があるようです。

　自学に関心をもつ高校生に対し、「誤解や勘違いがあるかも知れませんよ」と働き掛けるわけですから、一般的な大学の広報姿勢とは真逆でしょう。しかし「生徒のためにここまでしてくれるのか」という評価が地元の高校教員の間でじわじわと広がり、両事例とも着実に支持を集め始めているようです。

　大学も高校生との関わりを通じて、彼らの成長に関わっていくことが最終的には全員にとって良い結果につながります。こうした育成型入試の取組は全国の高大関係者にとって、今後の高大接続のあり方を考える上での大きなヒントになるのではないでしょうか。

コラム　卒業生をチューターとして組織化している高校

　進路指導を充実させたい。しかし教員はみな多忙で、十分な労力や時間を生徒一人ひとりに対して個別に確保するのは難しい……。多くの高校が抱える悩みでしょう。

　東京都の佼成学園高等学校では、同校を卒業した大学生をチューターとして登録し、高校に常駐してもらう仕組みを整えています。自習室や進路指導部室を中心に生徒を支える存在が必要だ……という発想から生まれた制度で、2010年度から本格的に仕組みとして導入しました。現在は25人ほどの大学生が登録し、そのうち2～3人が常駐しているそうです。勤務時間は16：00～20：00で、学校として非常勤職員としての雇用契約書を交わし、時給制で給料も支払われています。

　受験生のサポートが、チューターの主な仕事です。学習面のわからないところを教えてくれるので、生徒が学校の自習室に集まってくる空気が生まれたそうです。それに加えて進路指導部が期待しているのが、高校生にとってのロールモデルの役割。在学生にとって「ああなりたい、こうなりたい」と思ってもらえる存在であることです。そのため進路指導部として、チューターには多様なメンバーが揃うように気を配っているそうです。

　たとえば5人のチューターを集めるとしたら、国公立大学に合格した人、挫折を乗り越えて最後まで粘って合格した人、運動部を最後までやり切って大学に進学した人……など。様々なタイプがいれば、生徒にとって各自が理想とするロールモデルが一人は見つかるのでは、というわけです。

　チューター制度の運営には、彼らのシフトを組んだり、給料の話をしたりといった業務が必要ですが、それらすべてを教員が抱えると大変なので、現在はチューターをまとめるフェローという役割を職員の方に任せているそうです。

　チューターは生徒と教員をつなぐ役割や、進路指導に関する事務作業など、教員を支える様々な業務も担っています。制度開始時は大変かもしれませんが、チューターならではの役割はこれ、教員にしかできない役割はこれ……と業務全体を最適化することで、持続可能な仕組みにしているのです。

　「進路指導の権限や責任が各学年に分散してしまっている学校では、こうした制度の導入は難しいかも知れません」とのことです。学年を越え、学校全体の進路指導方針を一手に統括できる進路指導部の存在は、こうした取組を実現させる上で重要な要因なのかもしれません。外部の専門家や大学教員などと連携して生徒の学びに協力してもらうなど、同校ではほかにもユニークな進路指導の取組が行われています。良い進路指導の実践には、まず持続可能な運営体制づくりから。そんなことを教えてくれる事例です。

第5章

高校3年生の進路指導

本章の内容

5.1　3年生の1年間を計画する
5.2　【3年次①】進路ガイダンス（3年次）
5.3　【3年次②】eポートフォリオの整理と学びの振り返り
5.4　【3年次③】三者面談
5.5　【3年次④】併願校を含む、出願校の最終リサーチ
5.6　【3年次⑤】思うように合格を掴めなかった場合は
5.7　【3年次⑥】受験終了後の過ごし方
5.8　3年次の進路指導に役立つワークシート
5.9　3年次の進路指導に使える外部リソース

5.1 3年生の1年間を計画する

一般的な、進路指導の流れ（高校3年次）

ステップ	詳細	備考
進路ガイダンス ・受験に向けた意識づけ ・入試スケジュール確認 ・進学資金の理解	・外部講師に依頼するケースもある	「受験生モード」に切り替えるための場、という位置づけであることも多い
↓		
三者面談 ・志望校や入試方法の確認	・志望校の合格可能性に関する検討が中心 ・推薦・AOや一般入試など、それぞれに挑戦するかどうかの方針も検討	受かるかどうか、が最大の関心事になりがち。「指定校枠から行けるところを」といった発想に揺れるご家庭もある
↓		
出願校の最終リサーチ ・併願校のチェック ・入試出題範囲の確認	・推薦・AO入試の場合は志望校の特色や方針をリサーチし、志望理由書などにまとめる作業が必要	成績状況をもとに、併願校を「日東駒専」といった偏差値の括りで乱暴に決めてしまうケースもある
↓		
受験	・推薦入試、AO入試、一般入試など、入試スタイルによって時期などには大きな差がある	不合格の結果に悩み、志望校選びの軸がぶれてしまうこともある
↓		
合格〜入学まで	・早期に合格が決まる推薦・AO入試の場合、その後の過ごし方で進学後に大きな違いが生まれる	受験が終わったから遊びたい、というモードにさせない工夫が必要

第5章 高校3年生の進路指導

★「進路づくり」の観点を加えた、進路指導の流れ（高校3年次）

進路ガイダンス
・進路検討の最終振り返り
・入試スケジュール確認
・進学資金の理解

・【学問・職業理解】【学校理解】【自己理解】の考え方をもとに、自分の志望校や志望学部を検討したか、振り返りを促す
・残り一年の過ごし方を確認

学びの振り返り
・進路学習の振り返り
・高校の授業の振り返り

・これまでの活動をeポートフォリオなどにまとめながら、自分の資質・特性と、進学後の学びに求めることなどを整理
・授業での学びも改めて振り返り、進路選択のヒントにする

三者面談
・志望校や入試方法の確認
・最終ゴールを確認

・これまでの活動実績等も踏まえ、自分に合った入試システムを検討
・受験の合格の「先」にある目的、目標を再確認。それにあった出願先を検討

出願校の最終リサーチ
・併願校のチェック
・大学が要求する能力の確認

・各大学やメディアが公表する教育データなども参考にしながら、併願先の大学を、第一志望と同等のレベルでチェック

受験
・（必要に応じて）不合格の場合の指導

・不合格の場合の出願先を検討。当初のゴールからぶれないように助言

合格～入学まで
・入学までの学習計画立案

・進学後の教科書や参考書などをもとに、高校での学習範囲の復習と、進学後の先取り
・実際の授業などを見に行くのもお勧め

(1)［従来型の進路指導では］受験に向けた準備をさせる時期

　高校3年生＝受験生。第一志望校を早めに見定め、受験勉強に取りかかるよう指導されるケースが多いと思います。最終的な出願先の選択と、入試についての情報収集を、夏前〜遅くとも秋頃までに終えさせ、夏以降は「一分一秒でも多くの時間を受験勉強に充てて欲しい」というのが教員側の願いでしょう。

　部活動に打ち込んできた生徒の場合、「部活動の引退」を受験生への切り替えタイミングだと考える傾向があります。部によってその時期は異なりますが、一般的には早くて5〜6月、遅いと秋頃でしょうか。

　狭義の「受験勉強」は、部活動引退後から一気にスパートをかける進め方でも良いのかもしれません。でも進路を探すための学びやリサーチは、それだと着手が遅すぎます。成績だけで出願先を決められた従来と違い、今後は進学先とのマッチングが重視されるため、各校の教育・研究内容を深く理解し、比較検討する必要があるからです。

(2)［生じがちな問題］リスクを避けた安全策に逃げがち。第二志望以下を適当に決める生徒も……

　進路の検討は、早めに始めることが理想です。しかし実際には、3年生になってから初めて将来のことを考え始める生徒や、志望する学問分野を突然変更する生徒も。そうスムーズには進みません。

　自分なりにしっかり検討した結果、志望先を変更するのなら問題ありません。真剣なリサーチの結果、「自分は安易に考えていた」と気づくなら、むしろ良いことです。

　ただ、「一般入試まで勉強したくないから、早めに合格を得たい」「受験で落ちるのは怖いから、学校がもつ指定校推薦枠の中で、それなりのところを選んで確実に進学を決めておきたい」といった理由で、志望の変更を申し出るご家庭も中にはあります。気持ちはわかりますが、これがまさにミスマッチの要因。「学びに行くために合格を目指す」ものであるはずの入試が、「できるだけ努力せず合格できる方法を探す」へと逆転してしまうのですね。

　憧れの第一志望校ばかりチェックし、併願校のリサーチをおざなりにしてきた生徒が、適当に併願先を決めてしまうケースも少なくありません。

　受験生にかかるプレッシャーは相当なもの。本人や保護者が焦ったり、迷ったりする気持ちもわかります。しかし、その焦りが進学後のミスマッチにつながるのなら、結局は本人のためになりません。学校側からの適切な情報提供や、長期的な視点での助言が求められるところです。

（3）［ミスマッチ予防の工夫］具体的な検証活動を通じて、最終的な進学先の比較検討を行う時期

　入試に向けた生徒の学習管理や成績向上のための施策は、学年教員団の方で進められることと思いますので、ここでは出願先を選ぶ上のポイントを挙げます。本書ですでに述べてきたことではありますが、**受験生だからこそ再度、生徒と確認してください。**

出願先を検討する上で、大事なポイント

・【学問・職業理解】【学校理解】【自己理解】の3点すべてで、後悔しないレベルのリサーチを行う

・第一志望群だけでなく、第二、第三志望群の大学についても、第一志望群と同様のリサーチを行う

・数値で比較できるデータ（定量情報）と数字ではわからない教育の特色（定性情報）、この両方で大学の教育力を比較検討する

　どれだけ成績を上げても、出願先選びが不適切なら進学後に後悔します。上記のポイントを意識することで、そのリスクを抑えることができます。こうした準備を進める過程で志望先に対する生徒それぞれの理解が深まり、結果的には受験に向けた学習意欲の向上も期待できます。志望先への理解度が、そのまま出願先選びや大学入学者選抜の合格可能性につながってくる2020年以降は、これらのポイントがより重要になってきます。

（4）［ミスマッチ予防の工夫］不合格になる可能性を考えさせて

　高い目標を目指すほど、当然ながら不合格になる可能性も上がるもの。3年生にもなれば、**第一志望群に落ちたときの併願校も具体的に想定させる必要があります。**

　併願校選びの重要性は、生徒本人や保護者の間で十分には理解されていないようです。教員の間でも、併願校のリサーチにどの程度の労力をかけさせるかは、見解が分かれるところでしょう。「高い目標を第一志望に掲げ、そこに向かって努力させるのが進路指導の目的であり、併願校などは最終的な学力レベルに従って決めれば良い」という考えの方もいるかも知れません。

　ただ、入学難易度が同じでも、やはり各大学の教育の中味は千差万別。特に一般入試での進学を目指すなら、最後の出願先まで手を抜かず、教育力を基準に吟味することが望ましいのです。教員から「志望順位の低い出願先だからといって、適当に選ぶな」としっかり伝えるだけでも、ミスマッチの可能性は大いに下げられるはずです。

(5) ［ミスマッチ予防の工夫］入試合格後から高校卒業までの学習は？

昨今、高校教員から良く聞くお悩みの1つが「AO入試などで早めに合格した生徒が勉強しなくなる」というもの。本人のためにならないという懸念に加え、「一般入試を目指す他の生徒にとっても好ましくない雰囲気が生まれてしまう」点を気にされる教員は少なくないようです。

これを回避するためにセンター試験の受験を課したり、あるいは「一般入試を受けることがまっとうな受験」といった指導方針を生徒に伝えたりといった対策を採っている高校もあるようです。ただ、いずれも限度はあります。

詳細は後述しますが、大学合格をゴールにするのではなく、15年後など、少し先の時点にゴールを設定し、そのための学習計画を立てさせることをお勧めします。その点は、1年生の最初から一気通貫した指導方針にしておく方が望ましいでしょう。

5.2 【3年次①】進路ガイダンス（3年次）

(1) ［従来型の進路指導では］受験生としての自覚を促す場

生徒の意識を受験生モードへ切り替える、という意図で3年生の春頃に進路ガイダンスを企画される学校は多いと思います。

この時期のガイダンスでよく扱われる内容は、まず大学入試についての基礎的な解説です。これは2年生の1～3月頃に済ませている高校もあるでしょう。次に、「このレベルの大学も受かりにくくなっている」といった、受験の厳しさを伝える情報。そして、受験に向けた学習方法や、模試などを含む年間スケジュールなどです。

出願先の選び方に関する指導はどのように行われているでしょうか。たとえば国公立、MARCH、日東駒専といった受験業界の用語を使い、「上のランクを狙おう」といった話をされるケースは少なくないでしょう。いかに受かるか、が話の中心になりがちです。反面、これまでの進路検討プロセスを一人ひとり省察させる、といった指導はそう多くありません。「志望校は各自で早めに決めなさい」という程度のアドバイスで済ませることも多いようです。

(2) ［生じがちな問題］合格可能性だけが関心事になりがち

入学難易度（偏差値）という縦軸についてのみ熱心な指導がなされ、同じ難易度の大学同士をどう比較するかという、大学選びの横軸についてはほとんどタッチせず……というガイダンスになりがちです。「受験指導」として大事ではありますが、進路学習としては不十分です。

1～2年次で徹底した進路学習を進めてきた学校ならまだしも、実際には3年生になって初めて卒業後の進路を真剣に考え出すような生徒だっているはず。その状態で受験のことばかり強調すれば、「合格できそうなところを選ぼう」といった意識が生徒側に生まれてしまうのも無理はありません。それを正す最後のチャンスがこの時期のガイダンスです。ここで生徒に適切な指導ができなければ、誤解が残ったまま出願先だけが機械的に絞られていくような1年間になってしまうでしょう。

(3) ［ミスマッチ予防の工夫］3つの理解は十分ですか？と問いかける機会

偏差値の数字と学部名の印象、キャンパス所在地程度の情報で出願先を選んでいる生徒は、どの高校にも必ずいます。その生徒を放置しないことが高校側のミッションです。【学問・職業理解】【学校理解】【自己理解】はそれぞれ十分かと、改めて生徒へ問い、振り返りを促すことをお勧めします。この3点で志望する大学や学部・学科を検討してきたか。ワークシート等を活用して記入させ、教員の方でその内容をチェックしたり、三者面談等の場でフィードバックを行ったりしても良いと思います。

もし理解不十分と思われるなら、期限を決めて再度リサーチさせたり、面談を設定したりしても良いでしょう。そんなことより受験勉強を、と焦る気持ちもわかりますが、受験のゴールに納得しないまま勉強するのは辛いでしょうし、学習の効率という点でも望ましくないはずです。何のために学習するのか確信してこそ本人も、指導する教員の側もぶれずに最後まで走り抜けられると思います。

この際に大事なのは、最終的には「出願の予定があるすべての学校」をリサーチさせるという点です。憧れの第一志望は自分である程度チェックしていても、併願校となると急に決め方が適当になる傾向があります。だからこそ教員側から、併願校もよく見ておくようアドバイスをしていただく方が安心です。

5.3 【3年次②】eポートフォリオの整理と学びの振り返り

(1) ［従来型の進路指導では］新しく導入された制度のため、前例は少ない

外部の実力模試を受けたり、評定平均をチェックしたりといった基礎学力チェックの機会は、3年生になると増加します。今後はさらに、出願に向けて重要な工程が加わります。それが「eポートフォリオ」の記入です。

eポートフォリオとは、高校生が3年間で行った探求活動や課外活動、資格・検定などの実績をデータとして記録・蓄積できるシステムのことです。データは基本的に高校在学中ならいつでも入力でき、記録したデータはインターネット上に保存されます。

生徒自身がそうした入力作業を通じて、自分の活動を振り返り、振り返りを通じて様々

な気づきを得ることが、eポートフォリオの目的の1つです。指導する教員も、生徒が蓄積したデータを閲覧したり、場合によってはフィードバックを行ったりして、指導に役立てることができます。高大接続改革では「主体的な学び」の実現を謳っていますが、このeポートフォリオもそんな学びを支える仕組みの1つとして位置づけられています。

ここまでなら別に特別なシステムを使わずとも、各高校、各教員がそれぞれ自前のプリントや記録帳などを使い、紙ベースで実現できるでしょう。近い趣旨の指導を従来からされている学校もあると思います。いまeポートフォリオが大きな注目を集めている理由は、「今後、大学の出願時にこうしたデータの提出が求められることになる」という点にあります。

これまでの大学入試は、大きく分ければ一般入試のような基礎学力評価型と、AO入試、推薦入試のような総合評価型の2種類でした。これに対し、高大接続改革では学力の三要素として「基礎的な知識・技能」「思考力・判断力・表現力等の能力」「主体性・多様性・協働性」を掲げています。大学の入学者選抜でもこれら3点を多面的に評価せよ、ということが文部科学省より示されているのです。

2020年以降の入試問題をどのように設計すべきか、現在も議論や検討が加えられています。ただ、1日限りの入試だけでは見えづらい、または評価しにくい要素もあるはずです。そこでeポートフォリオの記録を共有すれば、高校でどのような活動に挑戦し、どのようなことに気づいてきたか、それが進学後の学習にどう活かされそうか、大学側も参考にできるというわけです。

2018年末現在、いくつかのeポートフォリオシステムが各事業者から提供されています。代表的な例は、文部科学省大学入学者選抜改革推進委託事業（主体性等分野）が構築・運営している「JAPAN e-Portfolio」でしょう。関西学院大学を代表校とする8大学とベネッセコーポレーションが運営しており、すでに高校1年生、2年生を対象に提供が始まっています。

JAPAN e-Portfolioのデータは、その利用を表明した大学において、平成30年度（平成31年度入試）より、大学入学者選抜における評価、参考データ、統計データなどの目的で利用されることになっています。ただし、どのように活用するかは大学によってまちまちで、詳細は各校の募集要項等に明記されることになります。「当面は合否の判断基準として用いないが、入学後の参考資料として提出は求める」といった大学もあります。数年かけてeポートフォリオのデータと、入学後のGPA（各授業の成績の平均値）や中退率などとの相関を分析し、入学後の成長を左右する重要な因子を探してみよう、という大学もあるでしょう。

ほか、民間事業者各社からも様々なeポートフォリオのサービスが提供されており、それぞれに特徴があります。自社のeラーニングシステムや模擬試験との連動を謳うものもあれば、生徒同士の相互評価を組み込んだもの、SNSのように日々の活動記録を気軽に投稿できるようなものなど、多様です。こうした民間事業者によるシステムの多くは、

JAPAN e-Portfolio と連携可能であることを表明していますので、生徒が大学への出願時に、システムの規格の違いなどで困るケースは少ないと思います。

「主体性等の評価」
　現在、議論と準備が進められている「eポートフォリオ」。
　実証実験が進行中で、2020年度には利用することに。

①高校生がデータを入力
　探究活動や課題研究に関する学び
　　実験、調査、論文、フィールドスタディ、プレゼンデータ、
　　大学研究室訪問、コンテストでの成果など
　課外活動や特別活動に関するデータ
　　部活動、ボランティア、生徒会、留学、各種大会の成績、
　　資格・検定試験の結果など
②この入力内容を教員が承認していく
③出願先の大学が入力内容を確認し、評価

図 5-1 「JAPAN e-Portfolio」データ入力の流れ

(2) [生じがちな問題] 現場ではまだまだ認識や関心度に差が……

　eポートフォリオはこれまでになかった仕組みですので、過去の活用事例が存在しません。進路指導上、重要な要素になり得るにもかかわらず、学校現場の関心度には差があります。学校全体を挙げて非常に熱心に取り組んでいる高校も増えていますが、その一方、一部の教員や進路指導部などを除けば「面倒くさそうな仕組みが増えるらしい」というイメージの教員が大半だ、という学校もあるでしょう。

　大学側の認識にも差はあります。いわゆる旧帝国大学クラスの大学をはじめ、高等教育に関する研究センターを学内にもつ大学には、普段から専任の教職員が学生の成長データなどを分析し、大学入学者選抜に反映させる体制を整えているところもあります。こうした大学はeポートフォリオの導入後も、様々な検証を加えながら、そのデータを教育や選抜に活かしていくことでしょう。

　しかし数万人以上の志願者数を集める私立の大規模総合大学が、同じレベルでeポートフォリオのデータを活かせるかは未知数です。志願者の延べ数を稼ぎ、入学難易度（偏差値）をアップさせ、難関大学というブランドを築く。そんな「数によって質を保つ」発想に慣れた大学経営者の中には、eポートフォリオに積極的でない方もいるでしょう。データを精緻に分析できる専門スタッフを抱えていない大学もあります。こうした大学は、他の大学の導入状況を横目で眺めながら、少しずつ段階的に（やや消極的な姿勢で）eポートフォリオを採り入れていくことになるのだろうと思われます。

　ただし小規模の大学や短期大学には、もともと学生規模が小さいことや、「面倒見の良

い教育」を打ち出している学校が多いこともあり、eポートフォリオを積極的に活用する学校もあるでしょう。入学選抜の評価や、入学後の教育に活かす動きも速いと思います。ほか、中退者の増加に悩んでいる大学など、進学後のミスマッチ抑制に経営者が関心をもたざるを得ない学校は、特に中退に関わるデータを熱心に分析するのではと思います。

　いずれにしても、eポートフォリオがすべての大学に活用されるまでには数年がかかるはずです。その進度はまちまちですが、活用する大学がある以上、高校側は可能な限り対応せざるを得ないでしょう。

（3）［ミスマッチ予防の工夫］生徒に「自走」させることを目標に

　eポートフォリオの導入で、教員の労力負担が増える。この点を懸念する方は多いようです。たとえばJAPAN e-Portfolioの場合、自身の活動や実績に関するデータを生徒が入力します。そのデータは多岐にわたり、授業や部活動、生徒会活動など学校内で行われたものもあれば、学校の外、生徒が自分で飛び込んで挑戦したものも。それらを高校教員が確認し、承認することになっています。

　入力内容は事実か、という点のチェックだけでも膨大な手間がかかりそうです。eポートフォリオはインターネットを介して提供されるサービスなので、たとえば「英検」がどの検定を指すのかなど、多少の表記の揺らぎを確認する程度の機能は備えていると思いますが、それにしても大変です。

　入力内容の事実確認だけが教員の役割ではありません。より重要なのは、生徒に気づきを促し、次なる行動に向けて一歩を踏み出してもらうためのフィードバックやアドバイスです。たとえば「外部のイベントに参加した」と生徒が入力していた場合、その挑戦を褒めたり、「具体的にはどんなことをしたの？」「どんな人がいたの？」「その中でどんなことを思った？」と問いかけたりしながら、本人の気づきを言語化させていく。そんな促しも、高校教員の役割として期待されています。

　eポートフォリオの記録内容を上手く使えば、「今度、こんなプログラムが隣町の博物館で企画されているよ。あなたなら関心があるんじゃない？」といった、次の挑戦への助言も行いやすくなるはずです。

　これまでは文理選択や選択科目決定など、3年間の決められたタイミングでしか、自分の進路を考えないという高校生も少なくなかったと思います。進路指導のための取組がただの一行事として消化され、普段の高校での学びや生活と「進路を考える」という取組が切り離されている。3年生になり、慌てて「自分は高校卒業後に何がしたいのだろう？」と考え始め、わずかな期間でやっつけ仕事のように志望校を決めてしまう。こんな高校3年間の結果、進学後に中退などのミスマッチを起こした方もいたことでしょう。

　eポートフォリオを効果的に活用すれば、3年間のすべてに、途切れなく進路やキャリア、生き方を考えさせる機会が生まれます。進路指導がしやすくなるはずです。特に3年生になってからの流れは、ずっとスムーズになるのではないでしょうか。早く受験勉強に

打ち込んで欲しい、という先生の希望にも添うはずです。

とはいえ、人手も時間もないし、本校ではこんなに労力をかけられないとお考えの方もいるでしょう。一方で、それだけの労力をかけている学校も実際にあるというのも事実です。2018年末の時点で、全校を挙げてeポートフォリオの活用を進めている先進事例はいくつもあります。この差が3年間の生徒の成長度や、大学入学者選抜での合否、さらには入学後のミスマッチの確率などにつながっていくのだとしたら、いかがでしょうか。

先進的な高校の事例からわかることがあります。効果的にeポートフォリオを活用している高校でも、やっぱり予算や教員数などのリソースは不足気味です。その分、**生徒を自走させるための工夫**が上手です。

何かあったらすぐ生徒に活動記録として入力させる。それを、他の生徒も見られるような仕組みにし、相互に刺激を与え合う環境にする。システム上、あるいは実際の教室で、先生も生徒の入力結果にコメントを加える。すると本人も、周囲の生徒も、「次はもっとこうしてみよう」という意欲をもつ。そのうち生徒同士が「私もやってみたい」「今度、こんなイベントがあるよ。一緒に行く？」といったコメントやアドバイスなどをやり取りするようになる……そんな流れを作っている高校の事例が目立っています。

最初からキレイにまとめた文面で入力しなくて良いのです。データを記録する行為自体は1年生から始められますが、実際に大学などへ提出するのは3年生の後半。その際には提出用に記述を整理したり、編集したりすることがもちろん可能です。

であれば1～2年次は積極的に色々なことに挑戦して、その活動を気軽に入力し、それが次の行動を促す……というサイクルを早くまわしていくほうが建設的です。最初こそ教員も大変ですが、長期的に見ればこの方がかかる労力はずっと少なく、得るものは多いのでしょう。

私は高校教員向けの研修や講演に呼んでいただくことも多いのですが、「入試のために必要らしいから、eポートフォリオを入れなければならない」「どんな内容を入れれば大学は評価するのか」など、受験のためだけにeポートフォリオを入れている学校もあります。

まだ検討中の要素が多いとは言え、大学がeポートフォリオで知りたいこととして、現時点で言えることもあります。

大学がeポートフォリオで知りたいこと

①主体的に、様々な場へ飛び込んで自分を変えようとしてきたか？
（できれば多様な他者との協働体験）

②活動や経験から、何を学んだか？
　そこからどういう気づきを得たか？

③それらが、大学進学の動機や意欲につながっているか？

ただeポートフォリオの本質は、「生徒の自律的な成長を促すためのツールの１つ」という点だと思います。先生も生徒も「嫌々仕方なくやらされている」という感覚のままでは、建設的な結果にはならないでしょう。生徒の学びを深める、という点を導入目的の一番上に位置づけている高校の方が、結果的には機能しているように思います。どうせ導入しなければならないのなら、**進路指導をやりやすくしてくれるツール**だと考え、積極的に活用してみてはいかがでしょうか。

> こちらも活用できます
> ▶【ワークシート】eポートフォリオ用振り返りシート（157ページ）

5.4 【3年次③】三者面談

（1）［従来型の進路指導では］具体的な志望先検討に向け、家庭と話し合う場

高校3年生の三者面談は、一度ではないかもしれません。春と秋の2回、場合によってはそれ以上という学校もあります。生徒・保護者の状況を見つつ何度でも、というケースもあることでしょう。

3年生になると面談の主題は、具体的な進学先あるいは就職先の検討ということになると思います。大学進学の場合、学校の成績や模擬試験の結果などを踏まえ、本人および保護者の意向を聞きながら、どのような入試種別で、どの大学、どの学部・学科を受験するのかを決めていく場になります。

（2）［生じがちな問題］保護者と本人の意向にズレが……

本人が希望する進路が明確で、あとは勉強するだけ……というケースであれば、面談で話し合うべきことは「合格に向けて、今すべき努力は何か」「併願校はどうするか」などシンプルです。

多くの高校教員を悩ませるのは、保護者と生徒の意向にズレを感じるケースでしょう。

> 保護者と生徒の、進路に関する意向のズレ
>
> ①進学か就職か、というレベルで生徒本人と保護者の意向が違っている
> ②生徒本人が希望する学部・学科と、保護者の希望する学部・学科が異なる
> ③生徒本人が希望する進学エリアと、保護者の希望する進学エリアが異なる
> ④生徒本人が希望する大学と、保護者の希望する大学が異なる
> ⑤生徒本人が希望する入試種別と、保護者の希望する入試種別が異なる

ズレが生じている部分は様々です。ここに挙げた①〜⑤の場合、ミスマッチの可能性と

いう観点で言えば、上に挙げたものほど深刻なズレだと言えます。高校3年生の段階で①、②のような齟齬が起きているようなら、かなり心配です。

意外に多いのが②です。たとえば、本人は歴史が好きで、文学部に進学したいと考えていますが、保護者は卒業後の就職を心配し、「経済学部や、専門職資格が取得できる学部の方が良いんじゃないか」と強く勧めている……といったケースです。本書で繰り返し述べている通り、本人が自ら学ぶ意志をもっていない限り、どんなに有名な大学、どんなに保護者が勧める学部でも、保護者が願ったとおりの結果にはなかなかならないものです。ミスマッチのリスクが残ります。

もちろん保護者に悪気はなく、純粋に子どもの将来を考えての意見でしょう。でも、学ぶのは本人です。こうした場面こそ教員の方々には、中退などのデータを提示しながら、冷静に「4年間の学びで何を得るかは、本人次第ですよ」ということを両者へ伝える必要があると思います。

(3) ［ミスマッチ予防の工夫］大事なのは進学「後」

昨今では看護師や保育士などを育成する学部が、特に女子生徒の進学先として人気を集めています。長く働けるイメージのある専門職であり、人手不足もあって就職も売り手市場です。そんな手堅さに加え、もしかすると保護者の目で見て「女性らしい仕事」だという安心感（？）もあるのかもしれません。

ただ、実際には両方ともなかなかハードな職場で、向き・不向きがはっきり分かれます。志願者を集めやすいため、全国の私立大学がこの10年ほど次々に看護学部を新設していますが、中退率も上昇し続けています。中退する学生にその理由を聞いてみると、「本当は看護師になりたいわけではなかったが、保護者など周囲の大人に勧められたからここに来た。でも実習などを通じて、向いていないとわかった」といったコメントが出てくることもあります。労働市場の動向もある程度は大事ですが、過度に振り回されて「いま就職に有利なのはこれだ」という決め方をすると、ミスマッチの原因になります。

推薦入試を検討する場合、3年生1学期までの評定平均値によって出願の可否を決めることが一般的です。思ったよりも成績が伸びず希望の学校に出願できない、というケースもあるでしょう。その際、「じゃあ、いまの評定平均値で入れる候補の中から進路を選びます」という結論になることがままあります。これもまた、ミスマッチを誘発しがちのケースです。

「指定校推薦枠のリストを見せてください。その中で、聞いたことがある大学を選び、そこが募集している学部に行きます」というのが、最も危険なパターンです。残念ながら、こうした考え方をするご家庭は少なくありません。

大学が自校の中退率や留年率をできるだけ受験生側に伏せ、見栄え良く操作した就職率やキレイなキャンパスなど、印象ばかりの入試広報活動を行っている弊害が、こうした「確実に受かる大学を選ぶ」という生徒・保護者の増加だと私は思います。**4年間での卒**

業は当たり前ではなく、入学してからがむしろ学びの始まりです。そんな事実をデータで共有してください。それだけで、進路選びに対するご家庭の考え方は相当変わるはずです。

(4)［ミスマッチ予防の工夫］あなたに合うのはどの入試？

　前述の通り、現在の大学は様々な種別の入試を用意しており、それぞれで重視している評価軸や観点が異なります。高校教員は「できるだけ最後まで高校で勉強させたい」「国公立大学にも挑戦させたい」といった思いで一般入試を勧めがちです。一方で保護者には、「できるだけ早くに進路を決めてもらって、安心したい」といった想いで指定校推薦制入試や公募推薦入試、AO入試などを希望される方もいます。

　入試がどのタイミングであろうと、「進学後に望まぬ中退や留年をせず、思う存分学んで、大きな成長を遂げる」ということをゴールに据えれば、高校3年間の最後までしっかり勉強しなければならないのは当然。その点を先に、志望校の中退率などを三者で見ながら、共有しておくことが望ましいと思います。

　その上で、入試種別は後回しにし、まずは【学問・学校理解】【学校理解】【自己理解】の3点に基づき、本当に行きたい進学先をリストアップした方が良いでしょう。このアプローチであれば第一志望群のほか、併願先となる第二志望群、第三志望群の大学まで、それほどブレのないラインナップになるからです。その上で、それらの学校がどのような入試を行っているかを検討すれば良いでしょう。

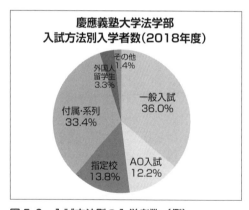

図5-2　入試方法別の入学者数（例）

　慶應義塾大学法学部の、入試方法別入学者数（2018年度）を見てみましょう。総数1,300人のうち、一般入試での合格者は468人。「一般入試で目指せ」と学校の方で指定してしまえば、狙えるのはこの分だけです。しかもこの36%の枠には、学校からの推薦を利用できない浪人生がみな殺到しますから、現役生の合格難易度はさらに上がります。

　東北大学工学部も、実に3割近くがAO入試での入学者です。「AO入試で学生を採っているのは、入学難易度の低い大学だ」という印象を抱いている方もいるかもしれませ

が、それは誤解です。

　この2大学は学内での追跡調査などにより、入学後のGPAなどでAO入試での入学者が高成績を上げていることがわかっている大学として知られています。こうした現状をみても現役高校生の場合は、**行きたい大学があるなら使えるチャンスをフル活用するのは悪くないのでは**、と私は思います。

　ただしその場合も、「受かりやすさ」という尺度を過度に重視してしまうのはお勧めしません。昨今では、1回の受験で全学部を併願できる制度や、併願割引（一定数以上の学部・学科を併願する場合に受験料を割引、もしくは無料にする）などの仕組みを多くの私立大学が導入しています。延べ志願者数を増やすことにより、メディアが発表する志願者数ランキングの順位を上げ、大学の認知度を、ひいては受験生からの人気度をアップさせようという入試広報戦略の1つです。

　ただ、「せっかく受験するのだから、一応ほかの学科にもチェックを入れておくか。無料だし……」という方法で入学が決まったとして、その進学先が自分に合うかどうかはわかりません。一見すると受験生の事情に配慮した仕組みのようで、実際には大学側の経営的な思惑も隠された仕組みです。

　大学は遊びに行く場ではなく、学びに行く場です。自分が本当に関心をもっている学部・学科なら良いのですが、そうでないところを適当に選んでは、入学後に後悔するはずです。

こちらも活用できます
▶【ワークシート】進路面談のための事前提出用シート（158ページ）

5.5 【3年次④】併願校を含む、出願校の最終リサーチ

（1）［従来型の進路指導では］入学難易度や入試科目ばかりに目を向けがち

　一般入試での進学は、言うなれば「合格した中から、最も条件の良い行き先を選ぶ」もの。これに対して推薦入試やAO入試は、「本当に行きたい1校を先に選ぶ」という制度です。前者をお見合い結婚、後者を恋愛結婚に例える人もいます。いずれも最終的に進学できるのは当然ながら1校だけ。受験先の一つひとつを真剣に吟味する必要があります。

　たとえば一般入試で大学受験をする場合、5校程度に出願するケースが最近は多いようです。併願割引制度をもつ大学も増えていますから、もう少し多く検討される方もいるでしょう。仮に5校なら、よくある出願のパターンは、【チャレンジ校（第一志望群）】を2校程度、【実力相応校（第二志望群）】を2校程度、【安全校（第三志望群）】を1校程度といった振り分け方です。

　しかし多くの場合、この5校のリサーチにかけた時間及び労力は、均等ではありませ

ん。憧れの第一志望校については何度もオープンキャンパスへ足を運び、教職員や先輩学生の話を傾聴し、大学案内やウェブサイトも熟読し、同じ入学難易度の他大学と丁寧に比較している。ところが【実力相応校】となると、「偏差値が第一志望校の次に高くて、通える範囲の、聞いたことがある大学から似た名称の学部を」などと、選び方が急に適当になってしまう方が案外、多いようです。

　第一志望校を最重視し、そこから入学難易度を下げつつ、結果的に知名度がある手頃な大学を5校程度、といった決め方も珍しくありません。そのため併願先を選ぶ際は、入学難易度（偏差値）と入試科目、それに入試日程のリサーチが中心になりがちです。

　推薦入試やAO入試はどうでしょうか。これらの入試では大学や学部・学科の特色、教育内容などについて、深い理解を求められます。多くの場合、エントリーシートや志望理由書の提出が課されますし、アドミッション・ポリシーのチェックも不可欠です。その点、一般入試に比べればきちんと出願先をリサーチしているはずです。しかし、そもそも「勉強したくないから推薦入試にする」といった動機の受験生も中にはいます。

　推薦に落ちたり、望む推薦枠を得られなかったりした際、どうするかも問題です。選抜ですから推薦でも落ちることはあります。次の候補をまるで考えていない、という事態は避けねばなりません。

(2)［生じがちな問題］併願校を適当に選ぶと大変なことに……

　高い目標を目指せば目指すほど、当然のことながら不合格になる可能性も上がるものです。高校3年生にもなれば、「第一志望に落ちたとき」の併願校も具体的に想定させる必要があります。

　本書のテーマはミスマッチをなくす進路指導ですが、この併願校のリサーチこそ、進学後の後悔を減らす最重要ポイントです。

　本書は高校教員や保護者を主な読者として想定していますので、高校生には言いにくいことを申し上げます。憧れの第一志望校は、入学難易度の面では文字通り「チャレンジ」の位置づけです。高みを目指しているほど、当然ながら不合格になる可能性もあります。本人が入学する可能性が最も高いのはおそらく、【実力相応校】に挙げた大学です。滑り止めなどと軽視されがちな【安全校】に落ち着くケースも少なくありません。特に2018年春の一般入試では、「規定水準以上の学生数を入学させてはならない」という政策上の制限が厳格になった影響で、このようなケースが例年に比べ急増しました。ほぼリサーチしていなかった大学に入学した方も多かったと思われます。

　心配なのは、「第一志望校への勉強に集中させたい」といった意図で、第二志望以下の大学を本人の関心から外させるように周囲の大人が振る舞ってしまうパターンです。受験生の秋ですから、一分でも長く勉強させたい気持ちもわかりますが、こうした「思いやり」はむしろ後のリスクを招きかねません。

　教員がこの点にどれだけ意識を向けるかが、ミスマッチ抑制で最も大事です。これは決

して、過言ではありません。

(3) [ミスマッチ予防の工夫] 最後に「エビデンス」で教育力をチェック！

出願先の最終チェックをする時期が３年生の夏・秋です。【学問・職業理解】【学校理解】【自己理解】の３点でいま一度、すべての出願先のチェックをしましょう。

出願先の最終チェックポイント

■学問・職業理解の観点で
□大学なら「その学問の中味」、専門職養成系学部や専門学校なら
　「その職業の実態」を調べた上で、本当に学びたい分野だと確信しているか？
□楽しい部分だけでなく、大変な部分についても調べたか？

■学校理解の観点で
□同じ学問分野を学べる学校の中で、比較した結果か？
□他校と比較し、どのような付加価値を得られる学校か？
□中退率、留年率、正規雇用率などのデータは確認したか？
□入学のために必要な選抜試験の内容は確認したか？
□入試日程、合格発表日程、入学手続締切日は確認したか？
□学費や生活費など、必要な費用は確認したか？
　その費用がいつのタイミングで必要になるか確認したか？

■自己理解の観点で
□進学先で、自分はどう成長したいのか、自分の言葉で説明できるのか？
□その進学先を経て、自分は何がしたいのか、思い描くビジョンはあるか？

ここに挙げた項目は、第一志望校ならすぐ答えられる内容ばかりでしょう。しかし第二志望、第三志望と優先順位が落ちるにつれて、「受験に関するデータしか見ていない」といった抜け落ちが発生するので要注意です。

チェックの際のポイントは「エビデンス（証拠・根拠）」です。２年生の【学校理解】のページでも触れましたが、パンフレットなどの印象ではなく、具体的な数値やデータなどの根拠を確認させましょう。第三志望くらいになると、「周囲の大人が、『ここは就職に強いぞ』と言っていたから」、といった理由で受験先に加えているようなケースもあります。

「国家試験の合格率は95％と高いが、４年間（医療系など一部の学部では６年間）で卒業できている学生は、入学者の半分程度」といった、１つのデータだけでは実態がわからない大学も少なくありません。**志望校の実力を冷静に見極めるためには、エビデンスのチェックが欠かせません。**

オープンキャンパスや入試相談会など、大学側も３年生向けのイベントには力を入れて

います。質問・相談コーナーには教員や職員、あるいは学生スタッフが控えています。エビデンスについては職員や教員に、入学後の授業などの実態については学生に、それぞれ質問してみると良いでしょう。将来のために大事な情報なのですから、遠慮なく聞いて良いのです。

（4）[ミスマッチ予防の工夫] 実力相応校と安全校の選択が受験の成否を決める？

　受験業界の用語に「MARCH」や「日東駒専」といったフレーズがありますが、一般入試の場合、併願校はこうした括りの中から選ぶという方も多いようです。でも日東駒専の4大学だって教育内容や学習環境はみな違いますし、こうした総合大学ではない単科大学や、より小規模な大学の方が合うという方も大勢います。こうした受験業界のフレーズに頼って安易に併願校を決めるのは、お勧めできません。

　仮に入学難易度が同じでも、各大学の教育の中味は千差万別。一般入試での進学をお考えなら、第三志望群である【安全校】まで手を抜かず、いま一度、教育力を基準に吟味してみてください。それができる最後のチャンスが、高校3年生の秋なのです。ここまでに併願校すべての比較検討を終えていればベストですが、そうでないなら少しだけでも時間をとり、最終チェックをされることをお勧めします。秋頃に高校生や保護者向けのイベントを行っている大学もありますし、各種のデータを比較する作業であれば自宅でも可能です。

　実のところ、こうしたデータやエビデンスのチェックは、生徒以上に保護者の方が得意とするところかもしれません。本来であれば生徒本人にチェックさせたいところですが、受験が迫っている時期、なかなか手が回らない……ということであれば、保護者にこの作業を勧めてみるのも一手ではあります。今の大学の実態を保護者が理解するのは、悪いことではありません。「保護者世代の印象だけで、自分が知っている大学を子どもに一方的に押しつけてしまう」といった事態を回避する機会の1つにはなるかもしれません。

　なお受験生にとって一般入試のスケジュールで最も理想的なのは、【安全校】→【実力相応校】→【チャレンジ校】の順に試験日を迎えることだと言われています。最初の1校で合格を勝ち取れれば心に余裕ができ、落ち着いた気持ちで次の試験に臨めるため、実力を発揮しやすい……というのがその理由。その意味でも【安全校】は、「この大学なら良い教育を受けられる。仮に進学することになっても、自分の夢につながる！」と、確信をもって本人が選んだ1校でなければ意味がないのです。併願校も、

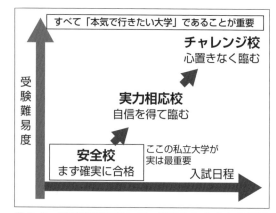

図 5-3　受験指導において、望ましいとされる受験の流れ（例）

第5章　高校3年生の進路指導

偏差値や試験日程だけではなく、「入学しても後悔しないかどうか」を基準に選ぶべきです。

---こちらも活用できます---
▶ 【ワークシート】出願に向けた志望校最終確認シート（159ページ）
▶ 【外部リソース】『大学の実力2019』（79ページ）
▶ 【外部リソース】中退や留年、就職など、各大学の教育データを調べる方法（161ページ）

5.6 【3年次⑤】思うように合格を掴めなかった場合は

(1) ［従来型の進路指導では］教員からの助言や提案が求められる場面

　受験では不合格になることもあります。推薦入試やAO入試など、受験時期の早い入試なら「一般入試で再挑戦」という選択肢もありますが、一般入試の場合は対応に悩むケースもあると思います。

　一般入試の時期は基本的に2月初頭から3月中頃まで。私立大学の入試は2月中に多く、3月以降の入試には欠員募集を意図したものもあります。

　さて、出願先すべてに落ちてしまった、という状態で3月を迎えた受験生およびご家庭に対し、教員側はどう助言すれば良いのでしょうか。

　かつてなら浪人をするという選択も一般的でしたが、現在は医学部や芸術系など一部を除いて少数派です。経済的な負担などから、現役での進学を望むご家庭も多いようです。もちろん、浪人してでもねらいたい意中の大学を生徒本人がもっているのなら、それを応援するというのは教員としての選択肢のひとつです。でも、生徒本人にそこまでこだわりがなく、「今から受験できる、良い大学はないでしょうか」と相談されることもあると思います。

　様々な高校教員にこれまで話を聞いたところ、多くの教員が、こうしたケースを少なくとも一度は経験しているようです。「毎年必ずクラスに一人はいる」という声もしばしば耳にします。もっと早い時期ならば「自分で調べなさい」という指導でも良いのでしょうが、このタイミングではその余裕もありません。教員が入試日程と入学難易度を元に、いくつかの大学を候補として提案するしかない、という意見も多く聞きました。

(2) ［生じがちな問題］入れる大学はあるけれど……

　本人も保護者も、教員の側も、時間が限られている状況で、性急な選択を強いられがちです。近年は定員まで入学者を集め切れていない、いわゆる「定員割れ」を起こしている大学も増えています。そのため3月中旬以降にAO入試を実施する大学も少なからずあります。決められた入試日程を設けず、「受験生から問合せが来れば、その方に合わせて

随時、面接などを実施する」とする大学もあるほどです。

　受験生にとっては救いの手であり、大学側にとっては定員充足率をギリギリまでアップできる施策ですから、両者にとってメリットがあり、何も悪いことはないように思えます。ただこうした状況下こそ、進学ミスマッチにつながる安易な決断が行われがちです。高校教員の側は、少なくともそのリスクを念頭に置いてご家庭と話をする必要があるでしょう。

(3) ［ミスマッチ予防の工夫］「本当に実力のある1校」を常に懐へ

　ベテランの教員ほど、このような状況に「生徒やご家庭へ勧める、本当に教育力があると思う1校」を各分野で用意されているようです。

　「国公立大学の合格実績を上げる、できるだけ難関大学を目指させる」といった学校側としての目標も、普段の進路指導では意識していますが、この期に及んで、そんなことは言っていられません。何とか目の前の生徒に進学先を提案し、卒業後の進路を確保してあげたい。だからといって、評判の悪い大学や、就職実績などが振るわない大学を勧めるわけにもいかない……。そんな想いの中、一人の教育者として、「こんな大学がありますが、受けてみますか？良い大学ですよ」と勧める1校です。

　このタイミングで教員が勧める大学は、重い意味をもちます。何しろ、アドバイスに従って生徒がその1校を受験し、進学する可能性は極めて高いからです。進学してから「とんでもない大学を勧められた」と恨まれるようでは、教育者としての資質を疑われてしまいます。だからこそ、「なぜこの大学を勧めるか」という根拠を教員自身が語れることが求められます。

　したがって大事なのはやはりエビデンスです。根拠のない勧め方では、少なくとも保護者は納得しません。就職率や国家試験の合格率、英語力の伸びなど、エビデンスで教育力を示せる大学なら、保護者も安心でしょう。逆に言えば、そういう情報を担任教員が常に集めているかどうかが問われるわけです。

　就職率を引き合いに出す教員は多いようですが、本書で繰り返し述べているとおり、大学が自ら広報している就職率を過信するのは禁物です。一般的な就職率は「就職者数／就職希望者数」で算出されますが、たとえば4年生の途中で就職活動を断念し、翌年の再挑戦に切り替えた学生を、分母の就職希望者数から外してしまう大学は珍しくありません。

　分子の就職者に、契約社員や派遣社員などの非正規雇用を入れている大学もあります。そもそも留年や中退など、予定通りの年数で4年生になれていない学生が、保護者の想像以上に多いのです。これも前述した通りです。

　中退率、留年率、教員一人あたりの学生数（ST比）、就職率・大学院進学率などを参考にしながら、「本当の意味で面倒見の良い、実力のある大学」を、各学問分野で1校はストックしておいた方が良いでしょう。担任教員が一人でこの情報収集をするのは大変でしょうから、進路指導部が中心になって情報を集め、教員間で共有できるようにしておく

第5章 高校3年生の進路指導

5.7 【3年次⑥】受験終了後の過ごし方

(1) ［従来型の進路指導では］対応に苦慮する高校も

現在の大学入試は多様化しています。冬から始まる一般入試のほか、AO入試や公募制推薦入試、指定校制推薦入試など、入試内容も実施時期も実に様々です。早いものでは9〜10月頃に合格発表が行われます。

早めに合格を手にし、さあ何もかも忘れて遊ぶぞ……と、解放感いっぱいになる受験生も多いかと思います。実際、高校教員から良く聞く悩みのひとつが「AO入試などで早めに合格した生徒が勉強しなくなる」というものです。

この状況を回避するために、早期の入試で合格した者にも1月のセンター試験の受験を義務づけたり、または可能な限りAO入試などを受けさせないように推奨したり……といった対策を採る高校もあるようです。前者はセンター試験を、高校の卒業試験のように活用している状態でしょうか。

確かにセンター試験は、高校での基礎学力の定着度合いを測る試験でもありますから、学習の目標にするのは悪くないでしょう。ただ受験料もかかりますし、本来は大学進学者向けのテストを、専門学校進学者や就職者などすべての生徒に義務づけるのが適切か、といった点で意見は分かれそうです。

本来、「大学入試がなくても勉強する」という状態が理想です。強引な学生囲い込みの疑いなど、早すぎる入試には確かに懸念点もありますが、入試時期は問題の本質ではありません。入試という強制力がなければ勉強しない、という姿勢を容認していることが問題なのです。

本書で繰り返し述べてきた通り、受かれば学ばなくても良い、というのは危険な誤解。「受かったら、受かった人のための学習が待っている」という事実を、各種のデータとともに生徒に伝えることは、進路指導の中で比較的簡単に実践できます。

(2) ［生じがちな問題］大学が提供する入学前教育も、効果は限定的？

本来なら、合格のために学んだのではなく、学ぶために合格したはず。しかし現実的には「勉強のプレッシャーから早めに解放されたいから、合格できる大学に推薦入試で行きたい」という生徒が増えているようで、残念なことです。難関大学への合格を高校3年間のゴールと位置づける「出口指導」も、こうした生徒が増えた要因のひとつではあります。

153

推薦入試などで早期に合格を得ている生徒にセンター試験の受験を課す、というのは対処療法として一定の効果はあるでしょうが、自分に関係がない入試問題を強制されることが、効果的な学びにつながるとは限りません（本来なら、正式な高校卒業試験にあたるテストなどがあれば良いのでしょうが……）。

最近では大学側も高校からの批判を受けて、「入学前教育」と称した課題やオンライン教材などを用意し、合格者に提供しています。高校での英語、数学、理科、国語、社会などの学習範囲を復習させる内容が一般的で、いわば「補習用」の内容。一般入試合格者との学力差を減らすのが目的です。

合格者全員への強制まではせず、「あなたのためになりますから、よければ、ぜひ取り組んでみてください」いった提案のスタイルであることも多いようです。すでに合格を手にしている高校生にとって、あまりモチベーションの上がる課題だとは言えません。

こうした教材によって、大学進学直後の基礎学力診断テストの点数がアップする傾向は確かにあります。ただしその後、学習の効果が継続するかどうかはケースバイケースで、「あっという間に学力が下がっていく」というパターンもしばしば見られます。

たとえば「この学習範囲をマスターしておかないと、中退の可能性が上がります」といった情報が添えられていれば、合格者も本気で取り組むと思いますが、その例はあまり聞きません。大学側としても、入学予定者とは言えまだ高校生である方に、どこまで踏み込んで干渉して良いか、測りかねるところなのでしょう。

（3）［ミスマッチ予防の工夫］進学後の学びを垣間見せると、勉強の必要性もわかる

＜4.6　大学入試システムに関する指導＞の項（114ページ）でも述べましたが、大学は入学者に対し、様々な力・資質を期待しています。

学校で行う教科学習を「頭の筋トレ」に例えれば、一般入試というのはいわば、3年間での筋トレの最終成果を問う試験です。様々な教科のテストで頭の体力測定を行い、その合計スコアが高い方から順番に入学を認めているわけです。

しかし大学が育てるのはボディビルダーではなく、社会で活躍するプレイヤーです。頭の筋トレはもちろん非常に重要ですが、それだけで優れたプレイヤーになれるとは限りません。だからこそ、プレイヤーとしての成長可能性を測るAO入試なども行っているわけです。学校の推薦によって出願する指定校制推薦入試や公募制入試では、目標に向かって努力を積み重ねていく資質や、学校生活の中での様々な努力などをもとに、大学で学ぶ力を確認しています。

大学がこのように手間をかけて多様な入試を行う理由は、バラエティに富んだ学生集団をつくりたいからです。多様なメンバーが集まる環境の方が、学生の学びも豊かになる……と、多くの大学が考えているのです。

裏を返せば、入学してくる時点ではそれぞれ、試験で測っていない要素がある状態で

す。基礎学力で合格を勝ち取った一般入試生の場合、その時点でのプレイヤーとしての資質は未知数です。AO入試・推薦入試の合格者はその逆で、頭の筋トレがまだ途中の状態です。

入試に合格した後も高校での学習や生活をおろそかにせず、こうした不確かなポイントを補っておくことで、大学生活を順調にスタートできるというわけです。

早期に合格を決めた受験生に私が勧めたいことは２点です。

第一に、上述した**「試験では測られていないポイント」を鍛える努力**です。特に強調したいのが基礎学力アップの勉強です。高校３年間のカリキュラムを最後までやり通し、復習しておくことが大事です。高校の学習範囲を一通り学んだという前提で大学の授業は始まります。油断したために学力不振に陥り、大学１年生前半の時点で必要単位を落として、中退や留年へ追い込まれてしまう大学生は全国で後を絶ちません。

しかし入試に合格した時点で、なかなか高校の復習をする気にならない生徒も多いでしょう。そこでお勧めなのが、少しフライングし、大学の学びに触れてみること。大学生向けの教科書や参考書を読む、大学の普段の授業を聴講するなどは効果的です。

「経済学の授業では意外と数学を使うんだな」「英語の授業で、知らない英単語ばかり出てくるぞ」など、危機感を覚えると同時に、今やるべきことも見えてくるはず。留学するのならこの時期までにTOEFLのスコアがこれだけ必要、といった情報を元に学習目標を立てるのも良いと思います。

第二に、**現在までの日々を振り返ってみること**です。自分は高校生活で何を学び、どう成長したのか。どんなときに大きく変われるのか。いま何に苦手意識をもっているのか。高校でやり残したことはもうないか……などです。それぞれ振り返って考え、書き出す省察の時間を設けることがお勧めです。

受験勉強中は、目の前の課題に向き合うことで精一杯になる方も多いはずです。心に余裕をもてた今こそ、自分の「これまで」と「これから」を冷静な目で見つめる良い機会です。大学で絶対にやり遂げたいことを優先度の高い順にリストアップし、その具体的な実現時期も含めて書き出すようなワークも良いでしょう。入試のために志望理由書を書いた方なら、それを元に今後の学習計画をつくるのも良いでしょう。

AO入試や各種推薦入試の合格者には、授業で活発に議論し、他の学生に刺激を与え、学びをリードするような活躍が期待されています。しかし受かったと同時に何か月もだらけて遊んでしまっているだけでは、リードするどころか、入学直後に自分でつまづくような事態になりかねません。せっかく将来の夢に向けて早めにスタートを切れたのだから遠慮なく突き進め、と教員や保護者の皆様からもぜひお伝えください。

┌─こちらも活用できます─────────────────
│ ▶【ワークシート】進路決定後の過ごし方を考える（160ページ）
└──────────────────────────

5.8 3年次の進路指導に役立つワークシート

(1)【ワークシート】eポートフォリオ用振り返りシート

1年次、2年次にeポートフォリオのメモを残している、または随時、システムに必要情報を入力してきたという想定のもと、改めてこれまでの活動を振り返り、大学へのデータ提出に向けて重要ポイントを考えてもらうためのシートです。

(2)【ワークシート】進路面談のための事前提出用シート

進学後の中退といったミスマッチを予防するために、第一志望校群である「チャレンジ校」と同じ姿勢で、第二志望校群の「実力相応校」、第三志望群の「安全校」までしっかりチェックしてもらうことを促すためのシートです。

(3)【ワークシート】出願に向けた志望校最終確認シート

各志望校について、出願締切日、入試日、合格発表日、入学手続日を整理し、意識してもらうためのシートです。可能な範囲で安全校から実力相応校、チャレンジ校という順番で入試本番を迎えられると理想的……といったアドバイスを先生から補っていただいても良いと思います。

(4)【ワークシート】進路決定後の過ごし方を考える

進路決定後、高校での学習意欲を失い、遊んでしまう生徒が多いという声に対応して作成したシートです。特にAO入試や推薦入試などの合格者を想定しています。入学までの学習計画を立てる上で、学業不振などによる進学後の留年・中退が多い現状を意識し、高校卒業時まで学ぶ必要があることを理解してもらうことを意図しています。

【ワークシート】eポートフォリオ用振り返りシート

年　　　組　　　氏名

■探究活動や課題研究に関する学びについて、これまでの高校生活で行った行動や挑戦を振り返り、記入してください（実験、調査、論文、フィールドスタディ、プレゼン、大学研究室訪問、コンテストでの成果など）。

	実行した行動や挑戦	その行動・挑戦を選ぶ理由
最も自分を大きく成長させたと思う行動や挑戦 （1～3個程度）		
出願先に対して、最も強調したい行動や挑戦 （1～3個程度）		

■課外活動や特別活動に関して、これまでの高校生活で行った行動や挑戦を振り返り、記入してください（部活動、ボランティア、生徒会、留学、各種大会の成績、資格・検定試験の結果など）。

	実行した行動や挑戦	その行動・挑戦を選ぶ理由
最も自分を大きく成長させたと思う行動や挑戦 （1～3個程度）		
出願先に対して最も強調したい行動や挑戦 （1～3個程度）		

■上記には挙げていないが、eポートフォリオに記載すべきか迷っている行動や挑戦、経験などがあれば教えてください。

【ワークシート】進路面談のための事前提出用シート

　　　　年　　　組　　氏　名　　　　　　　　　　　　　

■現時点でのすべての出願予定校について、これまでのリサーチ結果を踏まえて記入してください。

	学校、学部・学科・コース	出願前の最終チェックリスト
チャレンジ校（1）		□キャンパスを訪れ、学習環境をしっかり確認した □どのような学生や教員がいるか、イメージできる □教育内容に関する大事なデータを一通りチェックした □将来の目標を達成できると思える進学先である □ここに進学することになっても後悔しないと言える
チャレンジ校（2）		□キャンパスを訪れ、学習環境をしっかり確認した □どのような学生や教員がいるか、イメージできる □教育内容に関する大事なデータを一通りチェックした □将来の目標を達成できると思える進学先である □ここに進学することになっても後悔しないと言える
実力相応校（1）		□キャンパスを訪れ、学習環境をしっかり確認した □どのような学生や教員がいるか、イメージできる □教育内容に関する大事なデータを一通りチェックした □将来の目標を達成できると思える進学先である □ここに進学することになっても後悔しないと言える
実力相応校（2）		□キャンパスを訪れ、学習環境をしっかり確認した □どのような学生や教員がいるか、イメージできる □教育内容に関する大事なデータを一通りチェックした □将来の目標を達成できると思える進学先である □ここに進学することになっても後悔しないと言える
安全校（1）		□キャンパスを訪れ、学習環境をしっかり確認した □どのような学生や教員がいるか、イメージできる □教育内容に関する大事なデータを一通りチェックした □将来の目標を達成できると思える進学先である □ここに進学することになっても後悔しないと言える
安全校（2）		□キャンパスを訪れ、学習環境をしっかり確認した □どのような学生や教員がいるか、イメージできる □教育内容に関する大事なデータを一通りチェックした □将来の目標を達成できると思える進学先である □ここに進学することになっても後悔しないと言える

■進路について現時点で持っている不安や疑問を、裏面へ何でも自由に書いてください。

【ワークシート】出願に向けた志望校最終確認シート

　　　　　　　　　　　年　　　組　　氏名　　　　　　　　　　　

■現時点でのすべての出願予定校について、出願～入学手続きまでの日程を記入してください。

志望順位	学校、学部・学科・コースなどの名称	入試種別	出願締切日	入試日	合格発表日	入学手続締切日
1						
2						
3						
4						
5						
6						
7						
8						

■出願に向けて現時点でもっている不安や疑問を、「早く解消したい」と思う順に書き出してみましょう。

(1)

(2)

(3)

(4)

(5)

【ワークシート】進路決定後の過ごし方を考える

　　　　　　　　　年　　　組　　氏　名

■あなたの進学予定先について、以下のデータを調べ、記入してみましょう。

学校名	
留年率（※）	約（　　　　　　）％ ／ 非公表
中退率（※）	約（　　　　　　）％ ／ 非公表
正規雇用率（※）	約（　　　　　　）％ ／ 非公表
卒業までの総学費（※）	約（　　　　　　）万円

※可能な限り、志望する学部や学科、科やコースなどの数字をお答えください。

■留年や中退の中には、海外留学や積極的な進路変更など、「悪くない」ものもあります。また経済的な理由など、やむを得ない事情のものもあります。しかし本来なら防げたはずの望まない中退や留年に追い込まれ、後悔している学生もたくさんいます。あなたの進学予定先にもそのような中退者や留年者がいるはずですが、なぜそうなったのでしょうか？　想像し、その理由を書き出してみましょう。

■入学までに理解を深めておくべき高校教科ベスト2を挙げ、今後の学習目標を書き出してください。

	教科名	理解しておくべき理由	入学までの学習目標（具体的に）
1			
2			

■上記の学習のほか、進学後、望まぬ結果にならないよう、今から入学までにしておくべきことを書き出してください。

5.9 ３年次の進路指導に使える外部リソース

(1)【データ】中退や留年、就職など、各大学の教育データを調べる方法

　各大学の中退率や留年率などを調べる際は、＜3.10　１年次から進路指導に使える外部リソース＞（78ページ）でご紹介した、読売新聞教育ネットワーク事務局『大学の実力 2019』（中央公論新社、2018）が最もお勧めです。全国の大学のデータを一覧でき、必要な情報も一通り揃っているからです。しかし中には同調査への回答を拒否している大学や、一部データを非公開にしている大学もあります（そのこと自体がすでに、公開できない教育実態を疑わせますが……）。

　そこで、自分で調べる方法をご紹介します。現在は学校教育法施行規則（昭和22年文部省令第11号）第172条の2の規定により、各大学には教育情報の公表が義務づけられています。方法さえ知っていれば様々なデータを見ることが可能です。

学校教育法施行規則第172条の2の規定によって公開が義務づけられている情報の例

・教育研究上の目的
・教育研究上の基本組織に関する基礎情報
・教員の数、各教員の学位や業績
・入学定員、入学者数
・収容定員、在学生数
・卒業者数、進学者数、就職者数、ほか進学・就職等の状況
・授業科目、授業の方法・内容、年間の授業計画
・学修成果の評価、卒業認定基準
・校地、校舎等の施設・設備など
・授業料、入学料などの学費
・学生の修学、進路選択や心身の健康等に対する支援のこと

　「入学定員、入学者数」「収容定員、在学生数」「卒業者数、進学者数、就職者数」などが公表されていますので、これらを元に定員割れの状況や留年、中退の状況、リアルな就職実態などを概ね想像することができます。

　これらのデータは原則として各大学のウェブサイトに掲載されていますので、高校生でもPCやスマートフォンを使って簡単に閲覧できます。ウェブサイト内、大学概要をまとめたコンテンツの中に「教育情報の公表」といった名称のページが見つかると思います。

　ここからは架空の教育情報を使いながら、実際のデータの読み解き方を説明します。

　まずは「入学者数、収容定員、在籍者数」といった項目を見てみましょう。この４学科の数字からは、どんなことが想像できるでしょうか。

表5-1　大学がウェブサイトで公表している教育情報（例）

	入学定員	1年生在籍者数	2年生在籍者数	3年生在籍者数	4年生在籍者数	在籍者数合計
A学科	120	124	130	110	122	486
B学科	80	45	50	55	45	195
C学科	50	44	40	35	30	149
D学科	80	81	70	59	80	290
全体	330	294	290	259	277	1,120

　A学科は、定員を毎年満たしている、人気の学科のようですね。留年者や中退者もほとんど出ておりません。B学科も同様ですが、入学定員はA学科よりもやや少なめです。C学科はいかがでしょうか。学年が上がるにつれて在籍者数が減っていき、4年生になると6割程度になっています。中退者が多いことを伺わせます。なぜ中退しているのかが気になります。D学科も、同じく1年生から3年生まで在籍者数が減っていくのですが、4年生になると急に人数が増えます。4年間で卒業できず留年している学生が、「4年生」としてカウントされている可能性があります。薬学部や歯学部など、国家試験を前提にした学部や学科でしばしば見られるパターンです。学力不足で国家試験に合格しそうにない学生を留年させることで国家試験の合格率を維持したい、という経営上の事情が隠れているケースも中にはあります。

　これらの数字だけで、中退者が少ないA学科やB学科を「良い進学先」だと判断するのは早計です。もしかしたら学業のハードルが低く、遊んでいても進級・卒業ができるだけの可能性もあります。逆に中退者が多そうなC学科は、厳しく学生を鍛え上げているのかもしれません。こうしたデータは重要なエビデンスですが、複数の情報と合わせて、複合的に判断する必要があります。

　今度は「卒業者数、就職者数、進学者数」という項目を見てみましょう。昨年度に卒業した学生のデータが出てきました。

表5-2　大学がウェブサイトで公表している教育情報（例）

	卒業者数	進学者数	就職希望者数	正規雇用	非正規雇用など	その他
A学科	115	3	111	107	4	1
B学科	51	1	25	24	1	25
C学科	31	0	29	24	5	2
D学科	50	0	50	29	15	6
全体	197	4	165	155	10	28

　どの学科も、大学院などへの進学者はほとんどいないことがわかります。就職重視の大

学だと言えそうです。個別の学科を見ると、気になることがあります。B学科ですが、卒業者51人のうち、就職希望者は約半分の25人だけ。進学した1名はともかく、残りの25人はどうなったのだろう……と表を見れば、「その他」に25人もいます。就職活動で思うような成果が出せず、翌年まで就職活動を延期することを決めた学生を、大学側が「就職希望者」から抜いた可能性もあります。一般的に、大学は就職率を「就職者数／就職希望者数」で算出し、公表します。このような操作を加えることで、表に出る就職率を高く見せられるわけです。D学科は「非正規雇用など」が15人と、進路のかなりを占めています。契約社員や派遣社員などでしょうか。

就職率を算出してみましょう。以下4種類の定義で計算し、それぞれを比べてみることにします。

①一般的に大学が公表する就職率：（正規雇用＋非正規雇用）／就職希望者数
②正規雇用のみの就職率：正規雇用／就職希望者数
③正規雇用のみの実就職率：正規雇用／（卒業生数－進学者数）
④入学時点での学生数を母数にした、正規雇用の就職率：正規雇用／入学時の学生数

結果は表のようになりました。

表5-3　公表された教育情報を元に算出した、様々な就職率

	① 大学による 就職率	② 正規雇用のみ の就職率	③ 正規雇用のみ の実就職率	※入学時の 学生数	④ 入学者数を母数にした 正規雇用の卒業率
A学科	100 %	96 %	96 %	123	87 %
B学科	100 %	96 %	48 %	58	41 %
C学科	100 %	83 %	77 %	52	46 %
D学科	88 %	58 %	58 %	82	35 %
全体	97 %	86 %	76 %	233	79 %

大学が発表する就職率①は、A、B、C学科が100%、D学科も88%とかなりの高水準。大学案内に記載されているのはこの数字です。

しかしここには非正規雇用も含まれていることがわかります。そこで正規雇用だけを対象にした②を見ると、D学科の就職率が6割を切ってしまいました。非正規雇用が多かった学科です。

就職希望者の代わりに「卒業生数から進学者を引いた数」を母数にして算出した就職率を、一般に「実就職率」と呼びます。この実就職率③では、B学科の数字が激減。就職で

きなかった学生を「その他」にまわした疑いのある学科です。

　今度は「入学時の学生数」を母数に、正規雇用に就いた卒業生の割合（④）を計算してみましょう。どの学科も数字が落ち、D学科はなんと35％にまで落ちてしまいました。留年により、4年間で卒業していない学生が多いと思われる学科です。

　大学が公式データとしてPRするのは①の数字です。でも一般の高校生や保護者がイメージする「就職実績」とは、④ではないでしょうか。

　ここで挙げた数字はあくまでも架空のものであり、例としてわかりやすくするために、やや極端な数字にしています。とは言え実際の大学のデータでも、似た事例は少なくありません。公開されている情報だけでも、それなりに教育実態の一端を読み取れます。

　繰り返しますが、こうした数字だけで大学の教育力を断じることはお勧めしません。中退や留年が多い理由、非正規雇用が多い理由など、別の情報と組み合わせて総合的に判断することが大事です。また、どうしても一部の数字が低くなりがちな分野などもあります。同じ分野の学部、近い入学難易度の大学と比較して考えることも大事です。

　中央教育審議会では現在、留年率や中退率、教員一人あたりの学生数、学生満足度といった情報の公開を義務づける方向で議論が進められています。ここに紹介したような計算をせずとも、近いうちに各データを簡単に進路指導で活用できるようになりそうです。

コラム　お金をかけずに生徒の「卒業後」を知る、ユニークな方法

　高知県立高知追手前高校には、「卒業後、4年目の1月3日に必ず同窓会を行う。教員も参加」という伝統があるそうです。

　高知県には四年制大学が高知大学、高知県立大学、高知工科大学の3校しかありません。それらに進学する生徒もいますが、同校卒業生の多くは県外に進学します。就職の際も地元に残る・戻ってくる卒業生と、そうでない卒業生がいます。

　そんな卒業生が集まる同窓会。高校を出て4年目の正月、というタイミングが絶妙だと思います。多くの卒業生は大学卒業間近で、就職先・進学先もほぼ決まっています。そこに教員も顔を出せば、かつての生徒の大学時代のことや、今後の仕事のことなどがおおよそ把握できるわけです。

　お正月ですから県外に出た方も帰省されています。県外進学者が多いにもかかわらず、参加率は7割以上だとのことです。県内に残った卒業生が幹事役を務めるそうです。

　私は、高校の先生が卒業生の「その後」を知る機会は大切だと思います。ただ大学に受からせて終わりというのでは、自校の教育が彼らにどのような影響を与えたのか、わからないままです。多くの先生は、やはり可能なら卒業生の「いま」を知りたいだろうなと思うのです。とは言え、学校を挙げて卒業生の追跡調査をしている学校は多くありません。実施する余裕がない学校も多いでしょうし、卒業生の個人情報を組織的に管理する難しさもあるでしょう。

　その点、「同窓会を卒業後4年目のお正月に必ずやる」というのは、なかなか上手な課題の解決法ではないでしょうか。

　事務的なルールなどではなく、いわば「先生と生徒が交わす、卒業時の約束ごと」として企画される同窓会。事務的に所属先などを尋ねるよりも、飲食を共にしながら話をした方が、先生だって様々なことを聞けるでしょう。その場で今後の連絡先などを集約すれば、それはそれで学校にとって今後の財産になります。

　各自の食事代以外はお金もかかりません。それでいて、卒業生の進路を把握しつつ、今後の自校の教育への参考になる様々な情報を得られます。

　多くの高校に広まって欲しい取組です。

引用文献・資料

i 山本繁『つまずかない大学選びのルール』(ディスカヴァー・トゥエンティワン) 2013
ii Cathy N. Davidson『Now You See It』2012, Penguin Books
iii マイケル・A・オズボーン『雇用の未来―コンピューター化によって仕事は失われるのか』2014, ほか
iv 伊藤穰一「MIT Media Lab CREATIVE TALK『Learning Creative Learning』:逸脱からはじまる『学び』の実践」2013, http://www.academyhills.com/note/opinion/13071902mitjoi.html
v 山本繁『つまずかない大学選びのルール』(ディスカヴァー・トゥエンティワン) 2013
vi 特定非営利活動法人 NEWVERY『中退白書2010』(2010年)
vii 読売新聞「大学の実力」調査結果等
viii OECD "Education at a Glance" など
ix 文部科学省「学生の中途退学や休学等の状況について」(2014年9月25日)
x 文部科学省「学生の中途退学や休学等の状況について」(2014年9月25日)
xi 平成16年にとりまとめられた「キャリア教育の推進に関する総合的調査研究協力者会議報告書～児童生徒一人一人の勤労観, 職業観を育てるために～」
xii 読売新聞「大学の実力」2013年度調査結果等
xiii リクルート進学総研「高校生の進路選択に関する調査(進学センサス2016)」
xiv NPO法人 NEWVERY「進路指導白書2017」
xv 平成30(2018)年度 私立大学・短期大学等 入学志願動向

終わりに

　私には私立大学職員としての勤務経験があります。その後、予備校で高校生の進路発見のためのプログラム開発や、新卒社員採用の仕事に従事しました。現在はNPOの理事として高大接続の事業に関わるほか、全国の高校で生徒向けの進路講演を行ったり、高校・大学教職員向けの研修などを行ったりしています。

　高校生一人ひとりの進路学習に対し、豊かな学びや気づきを与えてくれる機会を、大学や専門学校には提供して欲しいと思います。しかし様々な事情により、大学側もそうした広報活動や高大接続の取組を十分にできずにいることもあります。元大学職員として、そのような現状を変えるお役に立ちたいといつも思っています。

　また一方で、高校教員の先生方からも、様々なご相談をいただきます。進路指導を取り巻く課題は非常に多く、複雑です。様々な地域の高校でお話を伺ううち、大学側が感じている問題が思った以上に高校側で共有されていないことにも気づきました。本書が扱っているミスマッチもそのひとつです。問題は明らかでも、解決に向けて高校側が何をすれば良いのだろうかと悩んだり、やりたい指導の姿は見えていても、人手や予算、時間の不足で実践できず悶々としていたり。そんな現場も少なくないようです。

　高校と大学・専門学校、片方の努力だけではミスマッチはなくなりません。双方がお互いの抱える悩みや問題を知り、生徒・学生のためにできることを模索していくことで、解決の糸口が見つかることもあると思います。現在、我が国で進められている高大接続改革が、そのような教育者同士の連携を推進するものになることが理想です。本書もささやかながら、そのためのキッカケのひとつになれればと思っております。

　本書の執筆にあたっては、株式会社ぎょうせい出版企画部の皆様に大変お世話になりました。予定よりもやや時間がかかってしまいましたが、辛抱強く原稿をお待ちくださったことに改めて御礼申し上げます。また執筆作業にご協力いただいた家族・親族の皆様にも深く感謝します。このご協力がなければ本書は完成しませんでした。

　最後に、いつも様々な形でヒントやアドバイスをくださる教育現場の皆様に心からの感謝を。「あなたの活動に共感しています」といった皆様のお言葉のおかげで前進できているように思います。今後もお互い、大切な生徒・学生の未来のためにがんばりましょう！

　生徒・学生に後悔をさせたくない、ミスマッチをなくしたい……と願っておられる教育関係者の皆様のために、本書が少しでもお役に立てましたら幸いです。

倉部　史記

[執筆者紹介]

倉部　史記（くらべ・しき）

「高大共創」のアプローチで高校生の進路開発などに取り組む。慶應義塾大学大学院政策・メディア研究科修士課程修了。私立大学専任職員、早稲田塾総合研究所主任研究員などを経て独立。兼任としてNPO法人NEWVERY理事、追手門学院大学アサーティブ研究センター客員研究員、三重県立看護大学の高大接続事業外部評価委員など。著書に『看板学部と看板倒れ学部　大学教育は玉石混淆』（中公新書ラクレ）ほか。

大学入試改革対応！
ミスマッチをなくす進路指導

2019年4月19日　第1刷発行

著　者　倉部　史記
発　行　株式会社 ぎょうせい

〒136-8575　東京都江東区新木場1-18-11
電　話　編集 03-6892-6508
　　　　営業 03-6892-6666
フリーコール 0120-953-431
URL:https://gyosei.jp

〈検印省略〉

※乱丁、落丁本は、お取り替えいたします。　©2019　Printed in Japan
印刷　ぎょうせいデジタル㈱
ISBN 978-4-324-10603-7
(5108501-00-000)
〔略号：進路指導〕